COLLECTION FOLIO

Christian Bobin

Le Très-Bas

Gallimard

Cet ouvrage a été précédemment publié dans
la collection « L'un et l'autre » aux Éditions Gallimard.

Christian Bobin est né en 1951 au Creusot.

Il est l'auteur d'ouvrages dont les titres s'éclairent les uns les autres comme les fragments d'un seul puzzle. Entre autres : *Une petite robe de fête, Souveraineté du vide, Éloge du rien, Le Très-Bas, La part manquante, Isabelle Bruges, L'inespérée, La plus que vive, Autoportrait au radiateur, Geai, Tout le monde est occupé, La présence pure, Ressusciter, La lumière du monde* et *Le Christ aux coquelicots.*

À Ghislaine Marion
délivrant par son rire
tous les chemins de l'encre

*Une question
qui désespère de sa réponse*

L'enfant partit avec l'ange et le chien suivit derrière.
C'est une phrase qui est dans la Bible. C'est une
phrase du livre de Tobie, dans la Bible. La Bible
est un livre qui est fait de beaucoup de livres, et
dans chacun d'eux beaucoup de phrases, et dans
chacune de ces phrases beaucoup d'étoiles, d'oliviers et de fontaines, de petits ânes et de figuiers,
de champs de blé et de poissons — et le vent, partout le vent, le mauve du vent du soir, le rose de la
brise matinale, le noir des grandes tempêtes. Les
livres d'aujourd'hui sont en papier. Les livres
d'hier étaient en peau. La Bible est le seul livre
d'air — un déluge d'encre et de vent. Un livre
insensé, égaré dans son sens, aussi perdu dans ses
pages que le vent sur les parkings des supermar-
chés, dans les cheveux des femmes, dans les yeux
des enfants. Un livre impossible à tenir entre
deux mains calmes pour une lecture sage, lointaine : il s'envolerait aussitôt, éparpillerait le sable
de ses phrases entre les doigts. On prend le vent
entre ses mains et très vite on s'arrête, comme au

début d'un amour, on dit je m'en tiens là, j'ai tout trouvé, enfin il était temps, je m'en tiens là, à ce premier sourire, premier rendez-vous, première phrase au hasard. *L'enfant partit avec l'ange et le chien suivit derrière.* Cette phrase convient merveilleusement à François d'Assise. On sait de lui peu de choses et c'est tant mieux. Ce qu'on sait de quelqu'un empêche de le connaître. Ce qu'on en dit, en croyant savoir ce qu'on dit, rend difficile de le voir. On dit par exemple : *Saint-François-d'Assise.* On le dit en somnambule, sans sortir du sommeil de la langue. On ne dit pas, on laisse dire. On laisse les mots venir, ils viennent dans un ordre qui n'est pas le nôtre, qui est l'ordre du mensonge, de la mort, de la vie en société. Très peu de vraies paroles s'échangent chaque jour, vraiment très peu. Peut-être ne tombe-t-on amoureux que pour enfin commencer à parler. Peut-être n'ouvre-t-on un livre que pour enfin commencer à entendre. *L'enfant partit avec l'ange et le chien suivit derrière.* Dans cette phrase vous ne voyez ni l'ange ni l'enfant. Vous voyez le chien seulement, vous devinez son humeur joyeuse, vous le regardez suivre les deux invisibles : l'enfant — rendu invisible par son insouciance —, l'ange — rendu invisible par sa simplicité. Le chien, oui, on le voit. Derrière. À la traîne. Il suit les deux autres. Il les suit à la trace et parfois il flâne, il s'égare dans un pré, il se fige devant une poule d'eau ou un renard, puis en deux bonds il rejoint les autres, il recolle aux basques de l'enfant et de l'ange. Vagabond, folâtre. L'enfant et l'ange sont sur la même ligne. Peut-être l'enfant tient-il la main de l'ange, pour le conduire, pour que l'ange ne soit pas trop gêné, lui qui va dans le monde visible comme un aveugle dans le plein jour. Et l'enfant chantonne, raconte ce qui lui passe par la tête, et l'ange sourit, acquiesce — et le chien toujours derrière ces deux-là, tantôt à droite, tantôt à gauche. Ce chien est dans la Bible. Il n'y a pas beaucoup de chiens dans la Bible. Il y a des baleines, des brebis, des oiseaux et des serpents, mais très peu de chiens. Vous ne connaissez même que celui-là, traînant les chemins, suivant ses deux maîtres : l'enfant et l'ange, le rire et le silence, le jeu et la grâce. Chien François d'Assise.

C'est une question qui ne trouve pas sa réponse. C'est une question qui désespère de sa réponse. Elle cogne sous les tempes comme une mouche contre les vitres — jusqu'à trouver le plein air de sa réponse. C'est une question enfantine. Elle est posée par l'âme qui s'agite dans une poignée de ciel bleu, sous un silence trop grand pour elle : d'où je viens, moi qui n'étais pas toujours là ? Où j'étais quand je n'étais pas né ? Notre époque a la réponse la plus courte qui soit : tu viens d'une copulation entre ton père et ta mère. Tu es le fruit de quelques soupirs et d'un

15

peu de plaisir. D'ailleurs ces soupirs et ce plaisir ne sont pas indispensables. Aujourd'hui nous n'avons plus besoin que d'une éprouvette. Telle est la dernière réponse en date : tu viens d'un spermatozoïde et d'un ovule. Il n'y a pas à voir en deçà. Il n'y a pas plus d'en deçà que d'au-delà. Tu n'es qu'un soubresaut de la matière sur elle-même, un chemin éloigné que prend le néant pour, au bout du compte, se rejoindre. Au treizième siècle, au siècle de François d'Assise, la réponse était plus longue, beaucoup plus longue, même si elle se révélait aussi peu capable d'éteindre la question. Au treizième siècle on venait de Dieu et on y retournait. La réponse dans son intégralité était dans la Bible, ne faisait qu'un avec le Livre. Une réponse de milliers de pages. Elle n'était pas tant dans la Bible que dans le cœur de celui qui lisait la Bible pour y trouver la réponse. Et il ne pouvait bien lire qu'en faisant entrer sa lecture dans chacun de ses jours. La réponse n'était pas lue mais éprouvée — charnellement éprouvée, mentalement éprouvée, spirituellement éprouvée. Ce n'était pas une réponse de professeur. Les professeurs sont des gens qui apprennent aux autres les mots qu'eux-mêmes ont trouvés dans les livres. Mais on n'apprend pas de mots dans un livre d'air. On en reçoit par intervalles la fraîcheur. On tressaille sous le souffle d'une parole : je t'aimais bien avant que tu sois né. Je t'aimerai bien après la fin des temps. Je t'aime dans toutes éternités. Avant de sommeiller ébloui dans le ventre de sa mère, François d'Assise baignait dans cette parole. On la tenait enfermée dans la Bible comme de l'or au fond d'un coffre. On la délivrait dans les fêtes, dans les gestes du travail et dans les gestes du repos. Elle imprégnait les rondeurs de la terre, le souffle des bêtes dans les granges, le goût du pain fort. Et avant d'être dans la Bible, cette parole, où elle était, d'où elle venait ? Elle planait sur le vide des terres et sur le vide des cœurs, elle rôdait avec le vent dans les déserts. Elle était première. Elle avait toujours été là. La parole d'amour est antérieure à tout, même à l'amour. Au début il n'y avait qu'elle, la voix sans mots, le souffle d'or enveloppant Dieu, François d'Assise et le chien de Tobie, serrés ensemble, leurs haleines confondues.

Je t'aimais. Je t'aime. Je t'aimerai. Il ne suffit pas d'une chair pour naître. Il y faut aussi cette parole. Elle vient de loin. Elle vient du bleu lointain des cieux, elle s'enfonce dans le vivant, elle ruisselle sous les chairs du vivant comme une eau souterraine d'amour pur. Ce n'est pas nécessaire de connaître la Bible pour l'entendre. Ce n'est pas nécessaire de croire en Dieu pour être vivifié par son souffle. Cette parole imprègne chaque page de la Bible, mais elle imprègne aussi bien les feuilles des arbres, le poil des animaux et chaque grain de poussière volant dans l'air. Le fin fond de la matière, son dernier noyau, sa pointe ultime, ce n'est pas la matière mais cette parole. Je t'aime. Je t'aime d'un amour éternel, éternellement tourné vers toi — poussière, bête, homme. Avant de planer sur les berceaux, avant de danser aux lèvres des mères, cette parole se fraie un chemin au travers des voix qui font une époque, qui en donnent le ton et la couleur. Paroles de guerre et de commerce. Paroles de gloire et de désastre. Paroles de sourds. Et par le travers, et par en dessous, et par en dessus, l'esprit du vent, la folle rumeur, le bourdonnement dans le sang rouge : je t'aime. Bien avant que tu sois né. Bien après la fin des temps. Je t'aime dans toutes éternités. Il vient de là, François d'Assise. Il vient de là et il y retourne comme on revient au lit profond entre les bras d'une belle.

Mais rapprochons-nous un peu. Écoutons les bruits du monde à la fenêtre. Le bruit de l'or, le bruit de l'épée, le bruit des prières. Ceux qui comptent leurs sous derrière un rideau lourd. Ceux qui cuvent un vin noir au fond de leurs châteaux. Ceux qui marmonnent sous la dentelle des anges. Le marchand, le guerrier et le prêtre. Ces trois-là se partagent le treizième siècle. Et puis il y a une autre classe. Elle est dans l'ombre, trop retirée en elle-même pour qu'aucune lumière puisse jamais l'y chercher. Elle est comme la matière première des trois autres. Les marchands y puisent la main-d'œuvre dont ils ont besoin. Les guerriers y trouvent de quoi renouveler leurs armées. Les prêtres y flairent les âmes dont ils ont goût. Ces trois-là espèrent quelque chose en récompense de leur travail : la fortune, la gloire ou le salut. Cette classe n'espère rien, pas même le passage du temps, l'endormissement de la douleur. Cette classe est celle des pauvres. Elle est du treizième et elle est du vingtième, elle est de tous les siècles. Elle est aussi vieille que Dieu, aussi muette que Dieu, aussi perdue que lui dans sa vieillesse, dans son silence. Elle donnera à François d'Assise son vrai visage. Un visage bien plus beau que celui en bois peint des églises, bien plus pur que celui des grands peintres. Un simple visage de pauvre. Un pauvre visage de pauvre, d'idiot, de gueux.

L'automne 1182, en Italie. Une phrase venue du fond des siècles tournoie dans l'air, flotte un instant au-dessus d'une maison dans la ville d'Assise, puis fond sur un nouveau-né endormi dans son berceau. Aucun bruit. Aucune modification des apparences. Personne ne s'est inquiété, personne n'a rien vu. L'enfant ne s'est pas éveillé. C'est toujours par un sommeil que les grandes choses commencent. C'est toujours par le plus petit côté que les grandes choses arrivent. Il y a peu d'événements dans une vie. Les guerres, les

19

fêtes et tout ce qui fait du bruit ne sont pas des événements. L'événement est la vie qui survient dans une vie. Elle survient sans prévenir, sans éclat. L'événement a la forme d'un berceau. Il en a la faiblesse et la banalité. L'événement est le berceau de la vie. On n'assiste jamais à sa venue. On n'est jamais contemporain de l'invisible. Ce n'est qu'après coup, ce n'est que longtemps après qu'on devine qu'il a dû se passer quelque chose.

L'enfant et l'ange se sont éloignés d'Assise sans que personne les remarque. Un chien les suivait — trois pas en arrière.

Le nouveau-né soupirait dans son sommeil.

D'ailleurs
il n'y a pas de saints

Elle est belle. Non, elle est plus que belle. Elle est la vie même dans son plus tendre éclat d'aurore. Vous ne la connaissez pas. Vous n'avez jamais vu un seul de ses portraits mais l'évidence est là, l'évidence de sa beauté, la lumière sur ses épaules quand elle se penche sur le berceau, quand elle va écouter le souffle du petit François d'Assise qui ne s'appelle pas encore François, qui n'est qu'un peu de chair rose et fripée, qu'un petit d'homme plus démuni qu'un chaton ou qu'un arbrisseau. Elle est belle en raison de cet amour dont elle se dépouille pour en revêtir la nudité de l'enfant. Elle est belle en mesure de cette fatigue qu'elle enjambe à chaque fois pour aller dans la chambre de l'enfant. Toutes les mères ont cette beauté. Toutes ont cette justesse, cette vérité, cette sainteté. Toutes les mères ont cette grâce à rendre jaloux Dieu même — le solitaire dessous son arbre d'éternité. Oui, vous ne pouvez l'imaginer autrement que revêtue de cette robe de son amour. La beauté des mères dépasse infiniment la gloire de la nature. Une beauté inimaginable, la seule que vous puissiez imaginer pour cette femme attentive aux remuements de l'enfant. La beauté, le Christ n'en parle jamais. Il ne fréquente qu'elle, dans son vrai nom : l'amour. La beauté vient de l'amour comme le jour vient du soleil, comme le soleil vient de Dieu, comme Dieu vient d'une femme épuisée par ses couches. Les pères vont à la guerre, vont au bureau, signent des contrats. Les pères ont la société en charge. C'est leur affaire, leur grande affaire. Un père c'est quelqu'un qui représente autre chose que lui-même en face de son enfant, et qui croit à ce qu'il représente : la loi, la raison, l'expérience. La société. Une mère ne représente rien en face de son enfant. Elle n'est pas en face de lui mais autour, dedans, dehors, partout. Elle tient l'enfant levé au bout des bras et elle le présente à la vie éternelle. Les mères ont Dieu en charge. C'est leur passion, leur unique occupation, leur perte et leur sacre à la fois. Être père c'est jouer son rôle de père. Être mère c'est un mystère absolu, un mystère qui ne compose avec rien, un absolu relatif à rien, une tâche impossible et pourtant remplie, même par les mauvaises mères. Même les mauvaises mères sont dans cette proximité de l'absolu, dans cette familiarité de Dieu que les pères ne connaîtront jamais, égarés qu'ils sont dans le désir de bien remplir leur place, de bien tenir leur rang. Les

24

mères n'ont pas de rang, pas de place. Elles naissent en même temps que leurs enfants. Elles n'ont pas, comme les pères, une avance sur l'enfant — l'avance d'une expérience, d'une comédie maintes fois jouée dans la société. Les mères grandissent dans la vie en même temps que leur enfant, et comme l'enfant est dès sa naissance l'égal de Dieu, les mères sont d'emblée au saint des saints, comblées de tout, ignorantes de tout ce qui les comble. Et si toute beauté pure procède de l'amour, d'où vient l'amour, de quelle matière est sa matière, de quelle nature sa surnature ? La beauté vient de l'amour. L'amour vient de l'attention. L'attention simple au simple, l'attention humble aux humbles, l'attention vive à toutes vies, et déjà à celle du petit chiot dans son berceau, incapable de se nourrir, incapable de tout, sauf des larmes. Premier savoir du nouveau-né, unique possession du prince à son berceau : le don des plaintes, la réclamation vers l'amour éloigné, les hurlements à la vie trop lointaine — et c'est la mère qui se lève et répond, et c'est Dieu qui s'éveille et arrive, à chaque fois répondant, à chaque fois attentif par-delà sa fatigue. Fatigue des premiers jours du monde, fatigue des premières années d'enfance. De là vient tout. Hors de là, rien. Il n'y a pas de plus grande sainteté que celle des mères épuisées par les couches à laver, la bouillie à réchauffer, le bain à donner. Les hommes tiennent le monde.

25

Les mères tiennent l'éternel qui tient le monde et les hommes. La sainteté future du petit François d'Assise, pour l'instant barbouillé de lait et de larmes, ne tiendra sa vraie grandeur que de cette imitation du trésor maternel — généralisant aux bêtes, aux arbres et à tout le vivant ce que les mères ont depuis toujours inventé pour le profit d'un nouveau-né. D'ailleurs il n'y a pas de saints. Il n'y a que de la sainteté. La sainteté c'est la joie. Elle est le fond de tout. La maternité est ce qui soutient le fond de tout. La maternité est la fatigue surmontée, la mort avalée sans laquelle aucune joie ne viendrait. Dire de quelqu'un qu'il est saint c'est simplement dire qu'il s'est révélé, par sa vie, un merveilleux conducteur de joie — comme on dit d'un métal qu'il est bon conducteur quand il laisse passer la chaleur sans perte ou presque, comme on dit d'une mère qu'elle est une bonne mère quand elle laisse la fatigue la dévorer, sans reste ou presque.

Pierre de Bernardone, c'est le nom du père. Un marchand d'étoffes et de draps. Son père était déjà dans les affaires. Le fils hérite de la fortune du père et de son goût pour les parures. Dame Pica, c'est le nom de la mère. Elle n'est pas d'Assise. Elle est de bien plus loin. Elle vit en Provence. Le père s'y rend pour son travail et s'en retourne avec, à ses bras, tout l'or du monde : l'amour de cette belle dame, sa plus belle affaire sans aucun doute, l'étoffe la plus fine qu'il ait jamais tenue entre ses doigts. La mère est un coup de génie du père. De tout temps les hommes s'en vont au loin, quittent leur pays et leur enfance pour prendre femme. Même s'ils épousent une voisine, c'est au plus obscur d'eux-mêmes qu'ils la cherchent et la trouvent. Une femme pour un homme, c'est ce qu'il y a de plus loin au monde. Mais il y a encore plus loin que le lointain. Mais il y a encore plus obscur que le cœur d'un homme. Le père s'en va trouver la mère dans ce lointain des cours de Provence, dans cet obscur des chants de rossignols et de troubadours. Le douzième siècle en Provence est béni par les anges. Ils y descendent incognito, profitant d'un sommeil de leur maître. Ils y inventent une manière d'aimer qui n'a jamais existé, qui n'a jamais encore illuminé le monde : l'amour courtois. L'homme y lâche ses armes et son orgueil au profit du chant faible. S'il rivalise avec d'autres ce n'est plus que dans la beauté, non dans la force. Quant à la femme, elle est le plus souvent l'épouse d'un autre, d'un seigneur ou d'un roi. En faisant briller son nom partout sur la terre, l'amant élargit la distance qui le sépare de sa dame, jusqu'à tenir dans cette distance le monde entier, comme un poisson au fond d'une nasse. La nature, la chair et l'âme, tout vient trouver sa place sous le soleil d'une seule. L'espace qui vous sépare d'elle est rempli de son rire. C'est un espace sacré. Le chant le creuse, la voix y vole. C'est une distance heureuse. L'amour la comble sans jamais l'effacer. *Fin amor*, amour de loin. C'est un drôle d'amour que celui-là. La terre y est comme du ciel. La chair et l'âme s'y fondent dans le délié d'une voix. Cela dure jusqu'au milieu du treizième siècle. Cette musique finit par tirer Dieu de son sommeil. Il intervient, il y remet bon ordre : les derniers chants ne vont plus jusqu'aux chambres à coucher des châtelaines, mais retombent en neige sur les mains de la Vierge Marie. La lettre d'amour demeure la même. Les mêmes mots, la même folie du chant. Seule l'adresse a changé. La destinataire est soudain plus lointaine que les jeunes dames de Provence. À peine plus lointaine. Tel est le ciel de Provence en ce douzième siècle : grésillant de voix, saturé de trilles et de mots d'amour. Tel est le ciel qui entourait, comme le bleu en peinture, le visage de Dame Pica quand son négociant de mari l'a découverte. Non que Pierre de Bernardone eût une âme de troubadour. Dans le commerce on manque de temps pour l'éternel. On y a peu l'occasion de se soucier du lointain. On va de proche en proche, de l'argent moissonné aujourd'hui à l'argent semé pour demain. Mais il n'est pas indifférent que François d'Assise ait eu pour mère une de ces filles poussées sous le ciel de Provence. Les mères nourrissent leurs petits avec du lait et avec du songe. Leur lait remonte des chairs profondes. Il sort du sein comme d'une blessure heureuse. Leur songe remonte du plus secret de leur enfance. Il vient à leurs lèvres dans les berceuses, il enveloppe le nouveau-né d'une douceur infiniment pénétrante — comme un parfum qui ne s'éventerait jamais au long des ans. Non, il n'est pas indifférent que la mère de François d'Assise soit venue de Provence, de cette terre où des hommes désertaient leur santé de guerrier pour la fièvre d'un chant.

L'enfant s'appelle d'abord Jean. C'est le vœu de la mère, c'est son choix. C'est sous ce nom qu'il est baptisé, en l'absence du père, de nouveau en France pour ses affaires. À son retour il enlève ce prénom comme une mauvaise herbe, il l'efface pour le recouvrir d'un autre : François.

Deux noms, l'un dessus l'autre. Deux vies, l'une dessous l'autre. Le premier nom vient droit de la Bible. Il ouvre le Nouveau Testament et il le clôt. C'est Jean le Baptiste qui annonce la venue du Christ, qui prend l'eau des fleuves dans le creux de ses mains pour donner l'avant-goût d'une fraîcheur insensée, d'une ondée d'amour fou. Et c'est Jean l'Évangéliste qui écrit ce qui s'est passé et comment ce qui est passé demeure dans le passage. Jean des sources et Jean des encres. La mère a voulu ce prénom. Ce qu'une mère veut dans un prénom, elle le glisse entre le corps et l'âme de son enfant, là, bien enfoui, comme un sachet de lavande entre deux draps. Jean main d'eau, Jean bouche d'or. Et par-dessus, l'autre prénom, l'autre vie. François de France. François cœur d'air, sang de Provence. Par le nom de famille, un enfant rejoint l'amoncellement des morts en arrière des parents. Par le prénom il rejoint l'immensité fertile du vivant, tout le champ du possible : louer l'amour fort — comme un évangéliste. Ou caresser la vie faible — comme un troubadour. Et, pourquoi pas, faire les deux choses, être les deux : l'évangéliste et le troubadour, l'apôtre et l'amant.

Douceur du néant

Et l'enfant grandit. Il grandit comme grandissent les enfants : comme un arbre, plongeant les racines de ses bras dans la terre maternelle, puisant sa nourriture dans les sous-bois d'une parole, multipliant les attaches, élevant les branches de ses pensées dans la lumière du dehors. L'enfance est ce qui nourrit la vie. Qu'est-ce qui nourrit l'enfance ? Les parents et l'entourage, pour une part. Les lieux, la magie des lieux pour une autre part. Et Dieu pour le reste qui est presque tout. Moins le Dieu de la Bible, un Dieu jardinier, bâtisseur, que le Dieu imprévoyant des pluies d'été et des premiers chagrins, le Dieu braconnier du temps qui passe. Un Dieu comme une mère un peu folle, un Dieu comme une mère qui donnerait dans le même geste une caresse et une gifle. Ce Dieu-là est le premier rencontré dans la vie, avant l'autre, bien avant l'autre. C'est le même en plus vrai, en plus proche. On peut négocier avec le Dieu de la Bible. On peut faire des affaires avec lui, engager des pourparlers, rompre et reprendre. On peut même lutter avec lui en pariant sur sa faiblesse. Mais avec le Dieu nourricier de l'enfance, on ne peut rien. Il est la part non maîtrisée de l'enfance, la part non décidée de l'éducation — et c'est la part de l'infini. Il n'y a pas à croire en lui. Croire c'est donner son cœur. Ce Dieu des heures simples a pris le cœur de l'enfant au berceau. Il en joue à son gré. C'est une chose difficile à comprendre, au vingtième siècle comme au treizième siècle. Au vingtième parce qu'on fait de l'enfant un roi. Au treizième parce qu'on en fait une ombre. Ici trop de puissance, là trop de néant. Petits enfants du vingtième siècle, vos parents sont fatigués. Ils ne croient plus en rien. Ils vous demandent de les porter sur vos épaules, de leur donner cœur et force. Petits enfants des temps modernes, vous êtes des rois dans un désert. Petits enfants du treizième siècle, on vous accorde peu d'importance. Vous êtes comme un troupeau parfois transi de fièvre, clairsemé par les guerres, les famines ou la peste. On vous parle très peu dans vos premières années. À peine si on vous regarde, de ce regard attendri qu'on accorde aux chiens de ferme avec lesquels vous jouez dans la poussière des cours. Petits sauvages du treizième siècle, vous grandissez inaperçus sous le regard de tous, mêlés aux valets dans les écuries et aux poules dans la grande salle. Qui a vu l'enfant François grandir ? À part Dieu, personne ou presque. Pas le père, trop occupé par ses voyages, son argent et ses draps. La mère, un peu. Si peu : le génie maternel a ses éclipses. Il y a celle qui veille sur ce qu'elle aime — sans l'empêcher d'aller son cours. Et il y a celle qui se tourmente pour ce qu'elle aime — en tâchant de modifier son allure. Il y a Marthe et il y a Marie, les deux sœurs rencontrées par le Christ passant. Marthe soucieuse d'ordre et de nourriture, tournoyant dans sa cuisine, égarée dans une rumeur d'assiettes et d'eau bouillante. Et Marie, son tablier roulé sous un banc, Marie assise sur le sol, jambes repliées sous elle comme les ailes d'un oiseau à l'instant du repos, visage ouvert, mains vides, Marie soucieuse de cet amour sans quoi tout ordre est triste, toute nourriture fade. Marthe et Marie. La dispersée, la recueillie. L'incessante et l'apaisée. Les mères sont les deux, souvent dans le même temps. Leur souci de l'enfant les aveugle autant qu'il les éclaire. Elles regardent la chair de leur chair. Elles voient l'enfant vivre, jamais grandir. Elles voient l'enfant dans l'éternité de son âge, elles ne voient jamais le passage d'un âge à un autre, d'une éternité à la suivante. Un jour elles se retournent, considèrent avec étonnement ce gaillard qui vient d'entrer dans la maison, cet homme empêtré dans sa propre force — ne sachant plus comment autant de puissance et de maladresse a pu venir d'elles, ne comprenant rien à rien : car si leur enfant a grandi, leur cœur à elles n'a pas vieilli, brûlant comme aux premières douleurs de l'accouchement...

Que disent les textes de l'enfance de François ? Rien. Ils n'en disent rien. Ils se précipitent vers l'adolescence comme vers le vrai commencement de tout. Quarante ans après la mort de François, Jacques de Voragine, dominicain, futur archevêque de Gênes, écrit *La Légende dorée* — recueil de vies de saints. C'est un livre qui ne ressemble à rien, sinon à un dessin d'enfant. L'enfant qui dessine va droit à l'essentiel. Si la vie est empêchée, on ne met pas de porte à la maison. Si la vie est chantante, on multiplie les fenêtres, les fleurs et les soleils. Il en va de même des miniatures du Moyen Âge où la robe de la châtelaine est plus grande que son château, où l'œil d'un cheval rivalise avec l'ovale d'une lune. Ce n'est pas qu'il y ait une petite enfance de l'art, une misère infantile de la main. C'est que l'on suit alors une autre perspective que celle, indifférente, géomètre, de la raison. On suit la perspective du cœur qui dessine ce qui n'est pas, pour mieux voir ce qui est. Un exemple : vous attendez quelqu'un. Vous attendez une amoureuse. Elle va venir. Elle l'a dit. Elle l'a promis. Elle arrivera par ce bout du chemin. Vous fixez l'horizon, vous regardez le paysage (qu'est-ce qu'elle fait, elle devrait déjà être là). Dans le paysage il y a des choses (forêt, maisons, route) de diverses tailles. Quand enfin elle arrive, toutes les proportions du paysage s'en trouvent bouleversées : cette silhouette menue, au bout du chemin, apparaît aussitôt plus grande que la forêt, les maisons ou la route. Celle qui, dans l'œil du géomètre, ne serait qu'une tache dans les lointains, devient dans l'œil de l'amoureux plus grande que l'univers. On voit ce qu'on espère. On voit à la mesure de son espérance. Le treizième siècle a le cœur plein d'espérance, ce qui donne aux visages des églises romanes des yeux si gros, des yeux si ronds. Jacques de Voragine écrit son livre comme un enfant dessine, en trempant ses doigts dans l'encrier et en traçant sur la page des figures simples. La *Légende dorée* est une collection de saints saisis dans le plein vol d'une parole ou d'un geste. Autant de saints que de manières de papillonner dans la lumière. Des saints aux ailes riches comme du velours, des saints aux ailes de libellule, des saintes aux antennes longues, aux pattes fines. Et rien, jamais, sur l'enfance. À croire que l'enfance n'est pour rien dans cette grâce d'un envol. À croire que les papillons ne viennent pas des chenilles. Pour François d'Assise, un trait de plume, un pli du papier : *François, le serviteur et l'ami du Très-Haut, vécut dans la vanité jusqu'à l'âge de près de vingt ans.* La chose est dite par un homme d'Église. Pour ce genre d'homme, vanité vaut néant. Le pépiement des premiers mots : vanité, néant. La danse fragile des premiers pas : vanité, néant. Le ravissement des premiers flocons de neige, la douceur profonde des soirs d'été, le fou rire et les larmes des jeux, les plaies au genou et l'insouciance dans l'âme : vanité. Néant. C'est que Jacques de Voragine est un homme de son temps : l'enfance est une maladie éphémère. Si on se penche sur elle, c'est pour n'y trouver que le témoignage mortifiant de la faiblesse humaine. L'enfant est à l'adulte ce que la fleur est au fruit. La fleur n'est pas certitude du fruit. Bien des hivers peuvent compromettre le passage de l'une à l'autre, bien des orages. L'enfant est dans ce temps au bas de la création, pas loin des fous ou des bêtes. Il ne reçoit de plein accueil que dans la parole du Christ. Jacques de Voragine est théologien. Il commente cette parole, et le bruit qu'il fait dans ses commentaires l'empêche de l'entendre. C'est un homme d'appareil et c'est en empruntant à la hiérarchie militaire du clergé qu'il nomme son Dieu : le Très-Haut. C'est oublier cette impatience du Christ écartant les apôtres raisonneurs pour faire place aux enfants. C'est oublier que rien ne peut être connu du Très-Haut sinon par le Très-Bas, par ce Dieu à hauteur d'enfance, par ce Dieu à ras de terre des premières chutes, le nez dans l'herbe.

Le treizième siècle est siècle des bâtisseurs. À côté des églises de pierre, s'élève une église de mots, la *Somme* de saint Thomas d'Aquin. Des centaines de pensées trouvent leur appui sur cette clef de voûte : *la grâce ne détruit pas la nature, elle la parfait.* Il nous faudra nous contenter de cette phrase pour voir l'enfant d'Assise. Il nous suffira, pour l'entrevoir dans les années obscures, de l'écrire ainsi : la sainteté ne détruit pas l'enfance, elle la parfait. Pour le reste, pour plus de détails, c'est en regardant l'adulte qu'on découvrira l'enfant. La croissance de l'esprit est à l'inverse de la croissance de la chair. Le corps grandit en prenant de la taille. L'esprit grandit en perdant de la hauteur. La sainteté renverse les lois de maturité : l'homme y est la fleur, l'enfance y est le fruit.

François, le serviteur et l'ami du Très-Bas, vécut dans la douceur jusqu'à l'âge de près de vingt ans.

Licorne,
salamandre et grillon

Il est maintenant à la hauteur de son père. Il passe derrière le comptoir, aide à la vente. C'est un garçon doué pour le commerce. Il a trente-six mains pour déplier les étoffes, dix mille mots pour vanter le soyeux d'un tissu. Pas de meilleur vendeur dans le pays que le fils aîné de Bernardone, tous les clients vous le diront — et plus encore les clientes. Un beau gars, des yeux clairs, des épaules larges et des mains blanches de fille. On demande à voir des draps dont on n'a pas besoin, on hésite sur des étoffes qu'on n'achètera jamais, juste pour le plaisir de l'entendre, de le manger des yeux. Et finalement on repart avec les draps, on repart avec les étoffes.

On a vingt ans et des poussières. Les vingt ans c'est pour le corps, la poussière c'est pour l'âme. L'âme on ne s'en occupe guère, on la laisse voltiger dans le cœur, on lui fait une place à côté des amis, des jolies femmes d'Assise, du vin, du jeu et des chants. Une toute petite place poussiéreuse.

Une chambre dans le cœur, la plus retirée, la moins fréquentée. On y entre quelques heures dans l'année, à Noël et à Pâques. Et ça suffit comme ça. On y croit, oui, mais comme on croit à d'autres invisibles — les licornes, par exemple. L'existence de l'âme n'est ni plus ni moins fabuleuse que celle d'une licorne. Elle ne demande pas plus de soin. L'âme est de la famille des oiseaux. Avant de rejoindre cette famille, François appartient à celle des licornes, ainsi décrite dans un bestiaire du Moyen Âge : « Elle a un tel goût à flairer odeur de pucelle et de virginité que, lorsque des chasseurs veulent s'en saisir, ils mettent sur son chemin une jeune vierge. À sa vue la licorne vient dormir sur son sein, et la voilà prise. » Mais il n'est pas né le chasseur qui attrapera le beau François. S'il fait la cour à bien des femmes, il ne s'endort auprès d'aucune. Les bras de vingt ans sont faits pour la taille des jeunes filles, c'est vrai. Mais les jambes de vingt ans sont faites pour aller au bout du monde. En haut des jambes, un soleil, une force. Le corps est une planète qui tourne autour de ce soleil, d'un mouvement perpétuel. Les prêtres vous rappellent bien le dimanche que vous avez une âme. Du haut de leur chaire ils vous lancent sur le crâne des paroles dures comme des pierres. On les écoute les yeux baissés, tassé sur son banc, piteux. On laisse passer l'orage. Et on revient bientôt à l'essentiel, aux filles qui bavardent à la sortie de la messe, fraîches comme des anges. Les contempler est un délice. Un délice et un tourment. La beauté, voilà un vrai mystère, bien plus intéressant que celui de l'âme. La beauté d'un visage de jeune fille est devant vous comme une perfection, mais une perfection qui ne se boucle pas sur elle-même, qui appelle, qui promet — et ne tient pas. Il y a la main de Dieu là-dessous. La main de Dieu ou celle du Diable, on ne sait pas. On se moque de savoir, à vingt ans. On est sûr d'une seule chose : c'est le corps qui est éternel, bien plus que l'âme. Cela n'a pas besoin d'être prouvé. À vingt ans cela s'éprouve, tout simplement. D'ailleurs c'est une moitié de la vérité, de cette vérité que les prêtres répandent sans en être convaincus : ils nous parlent bien de la résurrection des corps et des âmes, non ? Donc des corps aussi — des corps surtout. C'est une moitié du vrai que l'on a, et avec une part de vérité on peut déjà voir clair dans le monde, on peut déjà voir loin dans sa vie. Pour le reste on a le temps. On a mieux que du temps : on a vingt ans — sans parler des poussières.

L'argent qui rentre au magasin, il le dépense en jeux. L'amour qui rentre dans son cœur, il le dépense en fêtes. Ce qu'il a, ce qu'il est, il le brûle. Il y a en lui de la licorne, et puis un peu de la salamandre : « La salamandre ne vit que de feu. Avec sa peau on fait un drap qu'aucune flamme ne peut brûler. » Le fils Bernardone est revêtu d'une telle étoffe, sans prix. Les amis vont et viennent. Les filles vont et viennent. L'argent va et vient. La mère soupire et puis sourit. Le père bougonne et puis se tait.

Quand on l'interroge sur son avenir, François répond : ne savez-vous pas que des merveilles m'attendent, que je serai grand chevalier, que j'épouserai une princesse qui me donnera beaucoup d'enfants ? On peut deviner dans cette réponse le sourire de la mère, la folie d'un amour passé du cœur de la mère au cœur du fils, comme un vin précieux, versé d'un verre dans un autre, sans rien perdre de son pétillant dans le passage. Mais il y a plus que la fièvre d'une mère dans ces paroles du fils. Il y a aussi le sourire de Dieu, présent dans cette naïve affirmation de soi, dans ce goût enfantin de la vie. Douceur de vivre, amour de soi : là se tient le Très-Bas, anonyme, moqueur, inaperçu des moralistes qui le cherchent dans les foudres d'un ciel ou dans les tombes d'un repentir. L'amour de soi est à l'amour de Dieu ce que le blé en herbe est au blé mûr. Il n'y a pas de rupture de l'un à l'autre — juste un élargissement sans fin, les eaux en crue d'une joie qui, après avoir imprégné le cœur, déborde de toutes parts et recouvre la terre entière. L'amour de soi naît dans un cœur enfantin. C'est un amour qui coule de source. Il va de l'enfance jusqu'à Dieu. Il va de l'enfance qui est la source, à Dieu qui est l'océan. Quant à la douceur de vivre, elle est inchangée avec les siècles. Elle est faite du calme d'un entretien, du repos d'un corps, d'une couleur d'un mois d'août. Elle est faite du pressentiment que l'on vivra toujours, dans l'instant même où l'on vit. L'amour de soi est le premier tressaillement du Dieu dans la jubilation d'un cœur. La douceur de vivre est l'avancée d'une vie éternelle dans la vie d'aujourd'hui.

On pourrait en rester là. Il pourrait en rester là, à ce tressaillement et à cette avancée. Mais ce serait compter sans les événements qui sont la main de Dieu posée sur notre main, modifiant imperceptiblement l'écriture de la page, le dessin d'une vie. Une brise se lève, qui tourne à l'orage : une guerre éclate entre les deux républiques de Pérouse et d'Assise. Il en est. Il ne pourrait pas ne pas en être. Il rêve depuis si longtemps de chevalerie et de gloire. Et puis quel bonheur de revenir ensuite vers les jeunes dames d'Assise, le corps cicatrisé, l'âme rajeunie par la lutte. Mais voilà : il ne reverra pas les belles de son pays, du moins pas avant un an. Capturé, mis en geôle, il en sortira affaibli par une maladie. Et joyeux, toujours. Consolant ses compagnons de captivité, chantant sur sa branche, de plus belle. Jusqu'ici sa gaieté pouvait passer pour le privilège d'une jeunesse dorée, sûre de son avenir parce que maîtresse du monde. Or voici que cette humeur se maintient et s'accroît dans le noir d'une prison, loin des siens. C'est donc que cette joie venait d'ailleurs, de bien plus loin qu'une simple ivresse du monde. Il est dans cette prison comme Jonas dans le ventre de la baleine : plus rien de clair ne lui parvient. Alors il chante. Alors il trouve dans son chant plus qu'une lumière et plus qu'un monde : sa vraie maison, sa vraie nature et son vrai lieu.

Nous vivons dans des villes, dans des métiers, dans des familles. Mais le lieu où nous vivons en vérité n'est pas un lieu. Le lieu où nous vivons vraiment n'est pas celui où nous passons nos jours, mais celui où nous espérons — sans connaître ce que nous espérons, celui où nous chantons — sans comprendre ce qui nous fait chanter.

Fait prisonnier en 1202, libéré en 1203, malade en 1204. De 1202 à 1204 commence la métamorphose de la licorne et de la salamandre — en grillon : « La nature du grillon est d'aimer sa chanson et de s'en réjouir tellement qu'il ne cherche pas de nourriture et qu'il meurt en chantant. »

Quelques mots pleins d'ombre

On somnole sous des épaisseurs de plume et de fièvre. On se remet doucement d'une maladie. On en rajoute un peu, chacun y trouve son compte : la mère et le fils. La mère qui retrouve les gestes immémoriaux de la servante — une main douce dans les cheveux en broussaille de l'enfant, une main de lumière sur son cœur pâle. Le fils qui renoue avec la gloire des nouveau-nés : un soupir suffisant à remuer toute la maisonnée, alerter tous les anges. Les amis viennent à son chevet. Les jeunes dames s'inquiètent de sa santé. On ne sait trop ce qu'il a. Un teint un peu trop clair, un teint de lait, et puis cette brillance au fond des yeux. Oui c'est cela surtout qui étonne, qui inquiète : ce feu follet dans la prunelle des yeux. On dirait un feu couvant. On craint un incendie.

Il tourne et retourne dans son lit. Il tourne et retourne dans sa vie. Les draps sont froissés, désagréables au toucher, ils frottent sur la peau, leurs plis rougissent les chairs. La vie est usée, elle est moins aimable à goûter, elle frotte sur l'âme, abîme le songe. On ne peut en parler à personne. On ne peut confier à personne que l'on voudrait quitter cette vie pour une autre, et que l'on ne sait comment faire. Comment dire à vos proches : votre amour m'a fait vivre, à présent il me tue. Comment dire à ceux qui vous aiment qu'ils ne vous aiment pas.

Trois mots donnent la fièvre. Trois mots vous clouent au lit : changer de vie. Cela c'est le but. Il est clair, simple. Le chemin qui mène au but, on ne le voit pas. La maladie c'est l'absence de chemin, l'incertitude des voies. On n'est pas devant une question, on est à l'intérieur. On est soi-même la question. Une vie neuve, c'est ce que l'on voudrait mais la volonté, faisant partie de la vie ancienne, n'a aucune force. On est comme ces enfants qui tendent une bille dans leur main gauche et ne lâchent prise qu'en s'étant assurés d'une monnaie d'échange dans leur main droite : on voudrait bien d'une vie nouvelle mais sans perdre la vie ancienne. Ne pas connaître l'instant du passage, l'heure de la main vide.

Ce qui vous rend malade c'est l'approche d'une santé plus haute que la santé ordinaire, incompatible avec elle. Mais bon, on résiste. Tout vous retient, la mère, les amis, les jeunes dames.

On n'aime plus guère cette vie-là, mais au moins on sait de quoi elle est faite. Si on la quitte, il y aura un temps où on ne saura plus rien. Et c'est ce rien qui vous effraie. Et c'est ce rien qui vous fait hésiter, tâtonner, bégayer — et finalement revenir aux voies anciennes.

Le printemps 1205. Une guerre encore. Les guerres ne manquent pas en ce siècle. La fin de la guerre c'est la maîtrise d'un bout de terre, la reconnaissance d'un seul maître. Il n'y a de place que pour un seul dans le monde. C'est moi le maître dit le pape. C'est moi dit l'empereur. Et la lutte se poursuit, depuis toujours entamée, impossible à conclure. François sort de maladie pour répondre à l'appel du pape. Cette fois-ci est la bonne : comment échouer quand on a Dieu avec soi ? Il s'arme magnifiquement, se vêt comme un prince, manière de faire honneur au père marchand d'étoffes, tout en se soumettant au pape qui est comme un père lointain, plus doué en affaires. Beauté de l'archange sur son cheval, à son départ d'Assise, revêtu d'une triple armure d'argent, de jeunesse et d'amour. On l'acclame, on le regarde s'éloigner, bien haut campé sur la poussière du monde. Il n'a jamais été aussi beau, d'une beauté aiguisée par les périls à venir. Il n'a jamais été autant aimé. Qui peut éveiller celui qui rêve et triomphe dans son rêve ? Rien, personne sinon un autre rêve qui arrive dans un sommeil à la ville de Spolète. Les chroniques disent : Dieu lui parle et l'arrête en chemin. Les chroniqueurs font des hommes des marionnettes et de Dieu un ventriloque. Quelque chose se passe bien à Spolète, oui. Mais rien de clair : ni Dieu le père avec ses tambours, ni le Très-Haut avec sa voix de foudre. Juste le Très-Bas qui chuchote à l'oreille du dormeur, qui parle comme seulement il peut parler : très bas. Un lambeau de rêve. Un pépiement de moineau. Et cela suffit pour que François renonce à ses conquêtes et s'en retourne au pays. Quelques mots pleins d'ombre peuvent changer une vie. Un rien peut vous donner à votre vie, un rien peut vous en enlever. Un rien décide de tout.

Il traîne. Il passe le temps. Quoi d'autre. La guerre ne le tente plus, le commerce ne l'attire pas. Or ce sont là les deux activités principales de l'homme sur terre, deux manières sûres d'étendre son nom bien au-delà de soi. Tuer sans être tué, gagner sans perdre : ces deux occupations dominent la vie. Le lien amoureux n'en est qu'une variante. Le lien amoureux est lien de guerre et de commerce entre les sexes. Ou plus exactement : il n'y a pas de lien amoureux parce qu'il n'y a pas d'amour. Il n'y a pas d'amour parce qu'il n'y a que de l'amertume — amertume de n'être pas tout au monde, amertume également partagée par l'empereur, le pape et tous leurs sujets. Moi dit l'empereur. Moi dit le pape. Moi dit l'enfant en bas âge. Et les trois, l'empereur, le pape et le nourrisson, de se battre à mort autour du même tas de sable.

Et lui François ne dit plus rien. Il chante toujours. Il chante de plus en plus. La prison de Pérouse, la maladie d'Assise et le rêve de Spolète : trois plaies discrètes par lesquelles s'en va le mauvais sang de l'ambition. Ne reste plus que cette gaieté à présent sans objet. Les amis, les filles, le jeu : il ne trouve plus cela assez joyeux. Il espère à présent une jouissance plus grande que celle d'être jeune et adoré sur la terre. Les semaines passent. Les fêtes se suivent et se ressemblent. Il s'en mêle encore mais, comme on dit, il n'y est plus. On peut très bien faire une chose sans y être. On peut même passer le clair de sa vie, parler, travailler, aimer, sans y être jamais. Enfin un jour, un tendre jour de l'été 1205, il fait préparer un banquet plus somptueux encore qu'à l'ordinaire. Un repas enchanté, fastueux — le dernier du genre. Ainsi se sépare-t-il des siens, dans les nuées d'une fête, tournant vers eux son visage le plus clair, le corps déjà plus qu'à demi engagé dans la nuit.

Il ne déserte pas les noces pour se couvrir de cendres. Il ne va pas de la rosée des corps de jeunes filles à la pluie des gargouilles de cathédrales. Ce n'est pas du monde qu'il sort, c'est de lui.

Il va là où le chant ne manque jamais de souffle, là où le monde n'est plus qu'une seule note élémentaire tenue infiniment, une seule corde de lumière vibrant éternellement en tout, partout.

Il disparaît de la ville. Il est comme celui qui a une maîtresse qu'il n'ose montrer. Sa maîtresse il ne la trouve pas tout de suite. Il la cherche dans les églises désaffectées qu'il restaure de ses mains. Cette parole en lui, cet ordre enfin donné : « Va et répare ma maison qui tombe en ruine. » Il croit, le naïf, que la maison de Dieu c'est l'Église. Il obéit comme un enfant : à la lettre, scrupuleusement. Il remue les vieilles pierres. Il balaie des chapelles que plus personne ne fréquentait, à part les fées et les mulots. La poussière lui rentre sous les ongles. La fatigue lui rentre dans les muscles. Un brave petit maçon, vivant de chanson et d'eau fraîche.

Il voyage encore, des voyages à l'inverse des précédents : sans gloire, sans arme, sans annonce. Il va à Rome — parce que c'est loin : là-bas personne ne le connaît. Il rôde autour des mendiants comme hier il traînait autour des plus belles filles. Il est comme un chien flairant du gibier. Il ne cherche pas la pauvreté. Il cherche l'abondance qu'aucun argent ne sait donner. Il devine à l'instinct que la vérité est bien plus dans le bas que dans le haut, bien plus dans le manque que dans le plein. Et qu'est-ce que la vérité ? La vérité n'est rien d'extérieur à nous. La vérité n'est pas dans la connaissance qu'on en prend mais dans la jouissance qu'elle nous donne. La vérité est une jouissance telle que rien ne peut l'éteindre, un trésor que même la mort — cette pie voleuse — ne saura prendre. Et il en est très près. Il le sait, il le sent. Mais il y a encore une ombre entre sa joie et lui, entre le monde tel qu'il s'éclaire en Dieu et le monde tel qu'il brûle dans son cœur. Une dernière réticence qu'il formule au plus près, avec la précision du maçon passant la main sur une lézarde invisible dans le mur — faille dedans l'âme, fêlure du chant : « Il me semblait alors extrêmement amer de voir des lépreux. » La pauvreté, dans son dénuement matériel, l'attire. La pauvreté, dans sa vérité charnelle, le révulse. Il y a encore ce point du monde que sa joie n'atteint pas. Et qu'est-ce qu'une joie qui laisse une chose en dehors d'elle ? Rien. Moins que rien. Un amour du bout des lèvres. Un amour sans amour. Un sentiment friable, poreux — comme tous les sentiments. Les bourgeois rêvent d'un pauvre conforme à leurs intérêts. Les prêtres rêvent d'un pauvre conforme à leurs espérances. Lui, François d'Assise, ne rêve pas, ne rêve plus. Il voit : la pauvreté n'est rien d'aimable. Une tare, une souffrance, une plaie, oui. Mais rien d'aimable. Personne n'est naturellement digne d'amour, ni le riche ni le pauvre. Par nature l'amour n'existe pas — juste une eau trouble dans un miroir, l'alliance momentanée de deux intérêts, un mélange de guerre et de commerce. Ce qui est naturel c'est cette manière d'aimer qui vous ressemble et vous flatte — les amis accueillants, les dames parfumées. Ce qui est surnaturel c'est d'entrer dans la léproserie près d'Assise, passer une salle après l'autre, aller d'un pas de paysan, calme soudain, tranquille soudain, voir s'avancer vers vous ces guenilles de chair, ces mains crasseuses qui se posent sur vos épaules, palpent votre visage, contempler les fantômes et les serrer contre soi, longtemps, en silence, bien évidemment en silence : on ne va pas leur parler de Dieu à ceux-là. Ils sont de l'autre côté du monde. Ils sont les déjections du monde, interdits du plaisir des vivants comme du repos des morts. Ils en savent assez long sur le monde pour comprendre d'où vient ce geste du jeune homme, pour comprendre qu'il ne vient pas de lui mais de Dieu : seul le Très-Bas peut s'incliner aussi profondément avec autant de simple grâce.

Il sort de là la fièvre au cœur, le rouge aux joues. Ou plutôt il n'en sort pas, il n'en sortira plus. Il a trouvé la maison de son maître. Il sait maintenant où loge le Très-Bas : au ras de la lumière du siècle, là où la vie manque de tout, là où la vie n'est plus rien que vie brute, merveille élémentaire, miracle pauvre.

Regarde-moi, je vais partir

Il y a un temps où les parents nourrissent l'enfant, et il y a un temps où ils l'empêchent de se nourrir. L'enfant est seul à pouvoir distinguer entre ces deux temps, seul à en tirer la conclusion logique : partir. Non pas lutter. Ne surtout pas lutter — partir. Rien n'est plus redoutable pour un fils que de mener une résistance, esprit à esprit, avec son père : s'opposer à quelqu'un c'est se teinter plus ou moins de lui. Les fils qui se fortifient dans une lutte avec leur père finissent étrangement par lui ressembler au soir de leur vie.

François d'Assise saisit au vol, avec un instinct sûr, l'occasion du procès que son père lui fait — un vrai procès, engagé contre le fils pour le déshériter et lui faire rendre l'argent de la boutique, indûment donné par François à des prêtres. Le procès que les pères font à leurs fils est d'ordinaire sournois, rampant, indéfiniment prolongé sous le courant des jours, difficile à énoncer, difficile à conclure. Celui-là a lieu en pleine lumière, devant l'évêque et le bon peuple convoqués en témoins du courroux paternel.

François d'Assise ne dit rien ce jour-là. Il n'a rien besoin de dire pour qu'on l'entende. Un geste suffira. La parole du père est sévère, souveraine. Le silence du fils y répond point par point, la défait mot à mot.

« Regarde. Regarde la chair de ta chair, le sang de ton sang. Regarde-moi bien, longtemps, de tes yeux presque clos comme sous le souffle d'une lumière, de ces yeux malins, plissés, aveuglés par le désir de ne rien manquer du monde, de bien voir ce qui leur appartient de droit, oui regarde-moi aussi longtemps que tu le veux de ces yeux de marchand considérant la belle étoffe, de tes yeux de mâle luisant à l'apparition d'une jolie femme. Regarde-moi de tes yeux de père. Le père Bernardone et le fils François. Tu es mon père et je ne suis plus ton fils François. Je rejoins le nom du dessous, celui que ma mère voulait pour moi, celui que tu as enfoui sous la bonne terre de France, si douce à ton cœur, si fertile à tes affaires. Je ne t'en veux pas. Je ne t'en veux de rien et sans doute est-ce là tout ce qui nous sépare. Je ne t'en veux pas d'avoir jeté ce nom de Jean aux oubliettes. Ce qu'on éloigne, l'éloignement le protège. Il est là ce nom, je le retrouve en ce jour, prêt à servir. Jean qui veille au chant du monde, Jean qui tient un oiseau d'or dans la cage de sa voix. Jean qui garde le soleil comme un bon gros chien fidèle. Jean le Baptiste et Jean des Évangiles. Tu sais l'ouverture de son livre : au commencement était le Verbe, et le Verbe était avec Dieu, et le Verbe était en Dieu, et le Verbe était Dieu. Que peut être le commencement pour des gens comme toi : le premier argent rentré, la première fille bousculée dans l'herbe ? Pour moi le commencement est là dans ce silence du Dieu, dans cette puissance du Verbe. Tu es mon père. Tu n'es mon père que depuis le début de mes jours — et c'est bien peu. Je reprends tout bien avant toi, en amont. Je reviens comme le saumon vers les eaux éternelles. Je vais me glisser entre ces deux-là, entre la parole ivre et le Dieu taciturne. Il n'y a pas d'espace entre eux, aucune distance, mais je saurai bien me faufiler, donner à mon âme la minceur qui convient, l'humilité nécessaire. Humilité, connais-tu l'origine de ce mot, mon professeur de latin me l'a apprise, tu n'auras pas payé ses leçons en vain, écoute comme c'est simple : humilité vient du latin : " humus " qui veut dire terre, la terre. Eh bien c'est là que je retourne, c'est vers elle que je pars, vers ma sœur la terre, vers mon amante la terre. Tu as bien fait de me vêtir de ce deuxième prénom, François. Du premier nom j'ai reçu la gravité, de celui-ci j'ai reçu la joie sans laquelle la gravité n'est que lourdeur. Oui tu as bien fait, bien tenu ton rôle de père. Il est bon pour l'enfant d'avoir ses deux parents, chacun le protégeant de l'autre : le père pour le garder d'une mère trop dévorante, la mère pour le garder d'un père trop souverain. Je n'ai aucun reproche à vous faire mais il faut maintenant que je vous quitte, que j'aille aux travaux de mon père, pas celui qui vend des draps aux riches, mais celui qui fait commerce de pluie, de neige et de rire, mais il faut que j'aille aux travaux de ma mère, pas celle qui préfère son aîné aux enfants du voisinage, mais celle qui a même rudesse et même douceur pour tous, ma mère la terre, ma mère le ciel. Tu comprends ce que je te dis là, ce que je te dis sans plus rien dire, par mon silence devant toi et l'évêque, par ma joie à peine contenue de ce jour de procès, tu comprends : je ne m'oppose pas à toi. Pour s'opposer il faut une maison commune, une langue commune, des intérêts communs et nous n'avons plus rien de tout ça, tu viens toi-même d'en décider, ce sera ta dernière aide, ton dernier travail de père. Le procès que tu me fais me libère de toi. Là s'achève ton œuvre de géniteur, là elle connaît sa perfection, devant ces notables qui t'escortent, sous les pourpres de la loi que tu incarnes. Le père est celui qui dit la loi. Mais, dis-moi, qu'est-ce qu'un père qui lui-même se soumet comme un petit garçon à la loi de l'argent, à la loi du sérieux, à la loi du monde mort ? Et pourquoi tout ce bruit ? Pour quelques pièces que j'ai prises dans ta caisse, offertes à un prêtre pour les réparations de son église, et ce prêtre n'en a pas voulu, les a jetées dans la poussière par crainte de toi et de ton nom puissant. Lui aussi, le commerçant en lingeries éternelles, le marchand de prières et d'hosties, lui aussi m'a rendu fier service. Il m'a montré sans le voir qu'il ne fallait pas donner d'argent mais sa vie, et qu'il ne fallait pas la donner à ceux qui font métier d'en parler dans leurs messes, mais à ceux qui n'ont plus de langue même pour gémir. Regarde-moi, je vais partir. Le prêtre te craignait et toi tu crains de perdre tes sous. La souris a peur du chat, le chat a peur du chien. Ainsi allez-vous tous, suant sous vos morales, tremblant de peur sous vos principes. Au commencement était la peur, et la peur était avec la loi, et la peur était votre unique loi. Regarde-moi, je vais partir. Je ne m'agenouille plus devant vos lois, j'ai trouvé mon seul maître. Je vais mettre à profit ton expérience des affaires. Je vais traiter de main à main avec l'éternel, engager jusqu'au dernier sou de mon âme et recevoir en échange toute la création. La belle affaire : d'un côté la fausse monnaie de mon sang, de l'autre côté tout l'amour du monde. Je serai riche bien autrement que toi. Je serai riche par tout ce que je perdrai. Le monde de l'esprit n'est rien de différent du monde matériel. Le monde de l'esprit n'est que le monde matériel enfin remis d'aplomb. Dans le monde de l'esprit c'est en faisant faillite qu'on fait fortune.

Regarde-moi, je vais partir. Il te faudra en trouver un autre pour tenir la boutique et le nom, pour continuer la vieille histoire. Ton père était dans le commerce, en y entrant à ton tour tu lui obéissais, tu renonçais à grandir. J'ai beaucoup médité là-dessus, oh pas dans les livres, tu le sais, la lecture n'est pas mon fort, je ne suis pas un moine gavé de belles encres, je ne cuis pas mon pain dans les enluminures, mais enfin j'ai regardé autour de moi, j'ai vu ce qu'il advenait des fils, passé le gai tumulte des vingt ans. J'ai vu qu'ils reprenaient la chaise de leur père, j'ai vu qu'ils reprenaient tout de leur père, jusqu'aux rides du visage. Si peu d'invention c'est à désespérer de l'homme. Ils croient mûrir parce qu'ils ont des enfants. Ils croient aimer parce qu'ils n'osent plus tromper leur femme. Ils n'auront jamais fait que vieillir. Ils n'auront jamais fait qu'être vieux. Regarde-moi, je vais partir sur des chemins d'enfance. Je te dois quelques sous, ceux que je t'ai pris pour les lancer à Dieu. Toi qui connais le prix des choses, toi qui, des choses, ne connais que leur prix, regarde, j'enlève mes vêtements, je m'en dépouille ici devant toi, devant l'évêque et tous ces gens de bien. Regarde le tas que ça fait sur cette dalle. Soupèse, calcule : je t'ai bien remboursé. Je ne te dois plus rien, je peux donc m'en aller nu comme une pierre, nu comme un brin d'herbe, nu comme la première étoile dans le ciel noir. Abraham s'est levé. Il lui était demandé infiniment. Il lui était demandé de quitter sa famille, son pays, ses amis. Il est toujours infiniment demandé à celui qui désire d'un désir infini. Et Abraham s'est levé, est parti. Et Moïse, et David, et tous se sont levés et dans le geste de se lever ont perdu leurs vêtements de langue, leurs vêtements d'amitié, leurs vêtements de sagesse, et tous ont reçu l'infini dans leur cœur mis à nu. À sa mère qui le pressait de rentrer à la maison, honteuse de le voir traîner les chemins avec une douzaine de fainéants, le Christ a répondu : où est ma vraie famille, qui sont les miens ? Et sa mère n'a pas compris — alors comment pourrais-tu comprendre : je reviens à ma vraie famille. Je reviens à ceux-là qui sont partis sans plus savoir qui ils étaient, où ils allaient. Oh mon père commerçant, oh mon père qui voudrait m'empêcher de grandir, sais-tu ce qu'il faut de violence pour jouir de vraie douceur, sais-tu que ton fils est fou de douceur folle ? Ce n'est pas une chimère que j'épouse. Ce n'est pas la pureté que je veux. La pureté laisse l'impur en dehors d'elle et je ne veux plus d'en-dehors, je ne veux plus d'une église avec ses anges dans le chœur et ses diables à la rue, le visage écrasé contre les vitraux comme des pauvres à la Noël aux carreaux du boulanger. Je ne veux plus rien que la vie nue et fraternelle. Oh mon père raisonnable, mon père raisonneur, on t'a appris qu'il y avait une place pour chaque chose, tu as donc cru qu'il y avait aussi un rang pour chacun, et moi je viens te dire que non : nous ne serons bien rangés qu'en paradis. En attendant ce jour qui viendra, qui viendra nécessairement, qui viendra sans aucun doute, en attendant ce jour où nous serons serrés au sein de Dieu comme des sous au fond d'une poche, je veux passer tous jardins clos, sauter tous murs de pierre, aller partout en beau désordre. Hier je rêvais de princesses et de chevaliers. Aujourd'hui j'ai trouvé plus grand que mon rêve. L'amour a réveillé ma vie dormante. J'ai trouvé la vie et c'est vers elle que je pars, c'est pour elle que je combattrai et c'est son nom que je servirai. Je pars, que peux-tu contre cela. Je te laisse jusqu'au dernier de mes vêtements. On tient les gens par tout ce qu'on leur donne. Je t'ai rendu ce que tu m'as donné — sauf la vie. Mais la vie me vient de plus que toi. Mais la vie me vient de la vie et c'est vers elle que je vais, vers mon amie aux yeux de neige, ma petite source, ma seule épouse. La vie, rien que la vie. La vie, toute la vie. »

Jeune homme qui s'en va nu loin de son père. Enfance qui danse légère sur la terre pauvre.

Un peu plus tard, une phrase d'un Évangile décide du choix d'un vêtement : il en faut bien un. Les saisons sont parfois rudes aux hommes et la terre n'est pas toujours lieu de délices.

Le fils du négociant en belles étoffes portera une tunique de mauvais drap, et pour ceinture une corde.

*Quatre mille ans
et des poussières*

Quelques heures après le procès il rencontre un mendiant à qui il demande la bénédiction que son père lui refuse. Ainsi pourra-t-il vraiment aller, s'étant donné une vraie parenté : le vrai père c'est celui qui bénit, pas celui qui maudit. Le vrai père c'est celui qui ouvre les chemins par sa parole, pas celui qui retient dans les filets de sa rancœur.

Il va dans la forêt, construit une cabane de fougères et de branches. Tel qu'on peut l'y voir, agenouillé sur les pierres ou allongé sur l'herbe, priant ou dormant, oui, tel qu'on peut le voir il a quatre mille ans. Quatre mille ans et des poussières. Il vient en droite ligne d'Abraham. Ses cousins, ses neveux et ses oncles sont là auprès de lui, couchés dans la Bible où ils récitent un psaume du roi David — le secrétaire bien-aimé du Dieu puissant.

S'ouvre devant lui, à cette heure, une carrière de fou ou de saint. La différence au départ est inexistante. C'est après qu'elle s'agrandit, c'est après qu'elle se voit. Mais au départ le fou et le saint se ressemblent comme deux frères jumeaux. Au départ ils disent tous deux la vérité. Au départ le fou et le saint ont cette même insensée prétention de dire la vérité. C'est après que cela se gâte. Le fou est celui qui, énonçant la vérité, la rabat sur lui, la capte à son profit. Le saint est celui qui, énonçant la vérité, la renvoie aussitôt à son vrai destinataire, comme on rajoute sur une enveloppe l'adresse qui manquait. Je dis le vrai donc je ne suis pas fou, dit le fou. Je dis le vrai mais je ne suis pas vrai, dit le saint. Je ne suis pas saint dit le saint, seul Dieu l'est, à qui je vous renvoie. Les fous et les saints se côtoient dans l'Histoire. Ils se frôlent, ils se cherchent et parfois se rencontrent pour le plus grand malheur du fou, pour son plus beau désastre. Trois des quatre évangélistes décrivent la guérison par le Christ d'un possédé qui « avait sa demeure dans les tombes et que personne ne pouvait lier, même avec une chaîne ». Le fou est dans la compagnie des morts. Il a son visage tourné vers l'ombre. Plus rien ne lui arrive que du passé. Il ne peut se lier à rien ni personne, il ne peut nouer aucune histoire vivante avec les vivants. Le saint a son visage tourné comme une proue vers ce qui vient de l'avenir pour féconder le présent — pollen de Dieu transporté par toutes sortes d'anges. Le saint n'en finit pas de relier le proche au lointain, l'humain au divin, le vivant au vivant.

« Ma main a cueilli au nid les richesses des peuples, et comme on ramasse des œufs abandonnés, j'ai ramassé toute la terre. » C'est le grand prophète Isaïe qui parle dans la Bible. C'est le moissonneur Isaïe qui pousse devant lui le chariot de sa voix remplie d'or et de feu. C'est le paon Isaïe qui fait la roue derrière le grillage d'encre. C'est Isaïe qui secoue la crinière de sa voix et c'est Dieu qui rugit, un Dieu jaloux, un Dieu malade de jalousie, un Dieu pire qu'un diable, un Dieu comme un enfant qui tient l'œuf tacheté du monde dans le creux de ses mains, et par instants serre les doigts, les serre jusqu'à faire blanchir ses articulations et ne relâche son étreinte qu'à la dernière seconde, juste avant les premières lézardes sur la coquille. La Bible dit que l'homme a été fait à l'image de Dieu — et il est vrai que l'homme et le Dieu se ressemblent jusque dans leurs colères. S'il est difficile pour l'homme d'aimer sans amertume, cela est presque aussi difficile pour Dieu. Comment ne pas désespérer de ce douteux mélange d'argile et d'esprit, de ce cœur plein de vase et de bruit ? Car enfin, à la fin des fins, qui a conçu ces merveilles tournées en ordures, quel maçon a bâti cette maison souillée par ses habitants ? « Qui a agi et accompli ? Celui qui dès le commencement appelle les générations. Moi, Yahvé, je suis le premier et avec les derniers je serai encore. » C'est le jongleur Isaïe qui crache le feu du Verbe. C'est Isaïe le montreur d'ours et c'est Dieu qui danse et rompt ses chaînes, ivre de fureur, une fureur terrible, comparable seulement à celle d'un tout petit enfant, inapaisable dans l'instant, inaccessible aux voix de l'apaisement. Dieu enragé de son bon droit : ils me doivent tout. Sans moi ils n'étaient que terre gluante, marécages désolés. Sans le feu de mon souffle dans leurs veines humides comme la chair du roseau, ils n'auraient jamais connu l'ivresse d'avoir une vie et de ne savoir qu'en faire. Les imbéciles : une vie c'est fait pour qu'on la donne — et pour rien d'autre. Ils me doivent tout et voilà qu'à peine nés, encore titubants sur leurs jambes, ils s'écartent de moi, ils empuantissent mon souffle de leur haleine noire, ils enlèvent mon souffle de leur souffle et ne sont plus qu'argile sèche, outres remplies de vinaigre, vases funéraires gorgés de boue. C'est Isaïe qui tape sur le crâne du monde avec le bâton de sa voix, c'est Isaïe et c'est Dieu quand Dieu est comme le père Bernardone, quand il se tient près de ses âmes comme l'autre près de ses sous, quand il fait ses comptes et ne s'y retrouve plus, alors il hurle, alors il braille, il maudit et se demande d'où lui viennent des enfants comme ça. C'est Isaïe et Dieu dans les débuts du monde, les premiers pas de Dieu sur terre. Les hommes au début ont eu un peu de mal à se faire à Dieu. Dieu au début a eu un peu de mal à se faire aux hommes. Et au treizième siècle on en est encore au début. Au vingtième siècle nous ne sommes pas plus loin, nous n'avons guère fait que piétiner, nous embourbant un peu plus dans cette fureur en miroir du Dieu et des hommes, comme en témoignent la poussière sur nos souliers et le sang en croûtes sur nos jolis costumes.

François d'Assise connaît Isaïe et toute la bande des prophètes, ces chiens du Livre qui rongent un os de feu, ces anges vautrés dans l'herbe d'une voix. Il connaît bien la Bible pour l'avoir souvent entendue. Il sait que c'est un livre de parole : ce qui est dit est dit. On ne peut rien y ajouter, rien en retrancher. Le rire des simples et la face enfarinée des sages, le filet pour piéger les poissons phosphorescents de l'âme, l'épée du Jugement Dernier pour couper dans le monde comme dans une motte de beurre, la brebis égarée pour laquelle on délaisse un troupeau de mille têtes, et Salomon et Moïse et Jacob et Abel, et les prostituées et les reines et les folles, et les bergers et les mages et les rois : tous ont été cités, tous ont porté témoignage dans le procès opposant Dieu à sa création, tous ont été entendus, tout a été dit une fois pour toutes et il n'y a rien à ajouter, juste à suivre, juste à se laisser porter par le souffle du Verbe, plus brûlant que le souffle d'une bombe. La voix de Dieu est dans la Bible sous des tonnes d'encre, comme l'énergie concentrée sous des tonnes de béton dans une centrale atomique. Le jeune homme d'Assise a été irradié par cette voix. Il ne veut plus rien que la transmettre, sans en changer une virgule. On peut chercher François d'Assise dans Isaïe. On l'y trouvera. Il y est comme il est partout dans le Livre : jamais un homme n'aura autant accordé sa vie à une parole, rabattu son souffle sur le souffle de Dieu. Mais on ne le découvrira pas dans les passages orageux de la Bible, plutôt dans ces murmures comme d'un amant à sa belle : « On ne te dira plus : *délaissée*, et de ta terre on ne dira plus : *désolation*, mais on t'appellera : *mon plaisir est en elle*, et ta terre : *épousée*. » Ou bien encore ceci, toujours dans Isaïe, qui lui tiendra lieu de programme : « Le vivant, le vivant lui seul te loue. » Il n'a pas le goût des malédictions, ce goût des faibles. Sa voix est calme, si calme qu'elle fait s'approcher les pauvres qui ne connaissaient du monde que des aboiements. Il emprunte la voix du Très-Bas, jamais celle du Très-Haut. Il sait bien qu'il n'y a qu'un seul Dieu. S'il préfère l'infinie douceur à l'infinie colère, il sait bien que toutes deux procèdent du même seul infini — celui de l'amour. Il sait bien tout cela mais il préfère cette manière. Elle lui vient de l'enfance. Elle lui vient de ses premières années passées dans le giron de Dieu, sous les jupes de la mère.

Les prophètes s'adressent aux hommes pour leur parler de Dieu, ce qui donne à leur voix ce timbre rauque, cette couleur fauve. Lui, il s'adresse à Dieu pour l'entretenir des hommes, pour faire tinter à l'oreille du Dieu lointain cette pure note que chacun délivre par sa vie, par le seul maintien de sa vie dans la durée. C'est une note légère, grêle. Il faut parler le plus bas possible pour ne pas la recouvrir.

La mère sourit au loin là-bas. La mère triomphe dans son chagrin. À ses côtés un homme cuvant sa colère, un marchand sûr de son devoir, un père certain de l'offense faite et qu'elle est impardonnable. Ils sont deux dans le lit, le père et la mère. Il n'y a qu'eux dans la maison. La mère s'en va dans le sommeil rejoindre le fils déshérité, l'adolescent étrange, le bébé troubadour. Ce qu'elle a commencé avec lui, ce que toutes les mères depuis le début du monde recommencent sans pouvoir jamais le mener à son terme, son garçon va l'achever, le multiplier et le parfaire — penché sur le berceau du monde, imposant silence aux puissants, aux marchands, aux guerriers, aux prêtres et même à Dieu. Oui, même à Dieu Très-Haut qui parle trop fort, beaucoup trop fort dans les chambres d'enfants.

Mon frère l'âne

Un moineau parle : je suis une mie de pain dans la barbe du Christ, un brin de sa parole, de quoi nourrir le monde jusqu'à la fin du monde.

Un rouge-gorge parle : je suis une tache de vin sur la chemise du Christ, un éclat de son rire au retour du printemps.

Une alouette parle : je suis l'ultime soupir du Christ, je monte droit au ciel, je cogne du bec au ciel bleu clair, je demande que l'on m'ouvre, j'emmène dans mon chant toute la terre, je demande, je demande, je demande.

Et tous et toutes ainsi pépient et chantent et viennent connaître la vérité de leur chant auprès de François d'Assise, près de l'homme-arbre, de l'homme-fleur, de l'homme-vent, de l'homme-terre.

Les oiseaux sont les premiers locataires de la Bible, bien avant l'apparition de l'homme, juste après l'éveil de Dieu. On ouvre le Livre à sa première page et c'est aussitôt le chahut, milliers d'oiseaux dans l'incendie de Dieu, milliers de battements d'ailes dans la panique d'amour. On entre dans la Bible par la *Genèse*. On est dans la *Genèse* comme dans la cage thoracique de Dieu, à même le diaphragme : à chaque marée du souffle le monde se soulève, des couches entières du monde surgissent, d'abord les eaux, puis les terres, puis les pierres et les plantes, puis les animaux et enfin, en bout de souffle, l'homme — et cette chose étonnante, cette énigme de l'ignorance de Dieu devant sa création. Car Dieu qui fait tout ne sait rien de ce qu'il fait. Dieu qui fait les animaux ne connaît pas leurs noms : « Yahvé Dieu modela encore du sol toutes les bêtes sauvages et tous les oiseaux du ciel, et il les amena à l'homme pour voir comment celui-ci les appellerait : chacun devait porter le nom que l'homme lui aurait donné. » Les bêtes auprès de Dieu vivaient loin de leur nom. Elles gardent en elles quelque chose de ce premier silence. Par un côté elles tiennent de Dieu et par l'autre côté elles tiennent de l'homme. Elles errent, craintives, entre les deux. C'est à ces débuts que François d'Assise revient en prêchant aux oiseaux. En leur donnant un nom, l'homme les enfermait dans son histoire à lui, dans le fléau de sa vie et de sa mort. En leur parlant de Dieu, François les délivre de cette fatalité, les renvoie à l'absolu d'où tout s'est échappé comme d'une volière ouverte.

Il parle aux hirondelles et s'entretient avec les loups. Il entre en réunion avec des pierres et organise des colloques avec des arbres. Il parle avec tout l'univers car tout a puissance de parole dans l'amour, car tout est doué de sens dans l'amour insensé.

Il est chrétien, donc juif. La Bible est son livret de famille. Il tient de ses ancêtres juifs qui sont dans la Bible : il va dans le monde comme dans un livre obscur. Il va avec patience du rien d'une lettre au rien de la lettre suivante, et l'ensemble finit par faire une seule phrase nette, claire. Il parle avec douceur à chaque vie éphémère et les rassemble toutes dans une éternité d'amour régnant.

Le peuple juif est un peuple que Dieu s'est inventé dans sa misère d'amour, un peuple rien que pour lui. Pendant des siècles Dieu a promené la lanterne de sa voix sur la terre, près des marais, au fond des grottes, pendant des siècles il a cherché qui pourrait bien répondre à son amour, à sa folie, et comme il n'a trouvé personne, il les a inventés, il les a pris au plus bas de l'Égypte opulente : des esclaves, des ombres. Un à un il les a

rassemblés sous les ailes de sa voix, il leur a dit :
j'ai mis mon cœur en terre lointaine, dans un
pays de sources et d'oliviers rien que pour vous, je
vous y conduirai, je vous emmène là-bas, en terre
promise. Et les voilà qui se mettent en route, sor-
tant d'Égypte et marchant en rang dans le désert,
en colonnes de phrases noires dans la Bible.
Quand ils relèvent la tête, ils devinent la longueur
du chemin, l'épaisseur du Livre, et parfois ils
s'arrêtent, font un feu, plantent leurs tentes. Ils
s'arrêtent sur dix pages pour dix ans. Dieu n'est
plus dans ces régions du Livre. Dieu n'est plus là
pour continuer d'écrire l'histoire d'amour, la terrible histoire de son amour pour des ombres.
Dans ces moments la fatigue est souveraine. Elle
tombe sur les nuques comme du plomb. Ce n'est
pas d'aller d'un chapitre à l'autre qui est fatigant.
Ce qui est fatigant c'est l'espérance. Alors parfois
ils désespèrent, ils se reposent dans un sommeil
désespérant, désespéré. Plus un seul pas. Plus
question de faire un seul pas. Ils maudissent Dieu,
puis ils se lassent de le maudire. Ils en prennent
un autre, plus à leur goût. N'importe quoi peut
servir de Dieu quand Dieu manque. Alors Dieu, le
vrai, celui qui les aime comme un fou, celui qui
les compte un par un, Dieu vient renverser les
piquets de leurs tentes, les tirer par les cheveux
hors du lit tiède du désespoir, et ils repartent à
nouveau entre les dunes de sable, le long des
lignes pleines d'encre. Des vieillards meurent,

des enfants naissent. Le temps passe. On tourne une page de la Bible et c'est un siècle qui tombe, un siècle ou deux. Ils arrivent, fourbus, amaigris, au début du quatrième chapitre, aux *Nombres*. Ils sont au pays de Moab. Le roi de Moab ne veut pas de ces gens chez lui. Il a lu les pages qui précèdent celle où il règne. Il a peur de ces gens. Il fait appel à Balaam, un mage qui a pouvoir de maudire, dont la voix tient la foudre. Balaam d'abord refuse. Puis il dit ce qu'on dit toujours quand on a choisi au fond de l'âme et qu'on se persuade d'hésiter encore. Il dit : allons voir ces juifs, nous aviserons sur place. Mais sa décision est prise, sa volonté de nuire. Et c'est là où Dieu intervient, pas Dieu même mais un intérimaire, un âne, ou plus précisément une ânesse. Elle porte Balaam sur le chemin qui le rapproche du peuple juif. Un ange apparaît au milieu du chemin. Il serre une épée dans ses mains. Balaam ne voit rien. L'ânesse qui voit l'ange s'écarte et passe à travers champs. L'ange se met une seconde fois sur un sentier étroit, avec un mur à droite, un mur à gauche. L'ânesse passe en rasant le mur. Balaam jure en se râpant la jambe sur les pierres. Une troisième fois l'ange et son épée, et plus aucun espace pour avancer. L'ânesse se couche, Balaam la frappe. Alors l'ânesse parle. Elle raconte la vision de l'ange, par trois fois la volonté de Dieu d'empêcher Balaam d'accomplir sa sale besogne. Et Balaam alors seulement comprend et renonce à gêner l'avancée des ombres vers le cinquième chapitre, prochain désert.

De cette histoire, on peut conclure deux choses. La première est que les ânes voient les anges, et cela ne devrait guère nous surprendre. Il suffit de voir ces bêtes peu glorieuses, leurs yeux délavés de fatigue et leurs oreilles surtout, leurs pauvres oreilles fanées, à demi cassées, souvent rongées par une plaie mal cicatrisée, oui il suffit de voir ces sacs d'os et de poils pour comprendre que tant de disgrâce ne peut qu'attirer la grâce surabondante des anges, aussi nécessairement que l'aimant attire la limaille. La deuxième chose que nous apprend cette histoire est que la vérité peut fort bien sortir de la bouche d'un âne, et là non plus nous ne devrions pas être étonnés : la vérité ne doit rien à la grandeur supposée de nos fortunes ou de nos esprits. La vérité tient sa lumière en elle-même, non dans celui qui la dit. Elle n'est grande, quand elle l'est, que par sa proximité avec la vie pauvre et faible. L'idiot de Nazareth le savait bien, juché sur un ânon aux portes de Jérusalem, sacré roi par la foule, quelques heures avant d'être mis à mort par elle : la vérité n'est jamais si grande que dans l'humiliation de celui qui l'annonce.

Et voilà qu'ils sont quatre à présent sur les chemins d'Assise : le chien de Tobie, l'ange et l'enfant qui, essoufflé par la marche, vient de grimper sur le dos de l'ânesse de Balaam. Quatre, sans compter la nuée étourdissante des oiseaux dans le ciel alentour.

Il y a bien d'ailleurs un âne dans la vie de François. Il dort quand François dort, il mange quand François mange, il prie quand François prie. Il ne le quitte jamais, l'accompagne du premier au dernier jour. C'est le corps de François d'Assise, c'est son propre corps qu'il appelle ainsi : « mon frère l'âne » — manière de s'en détacher sans le rejeter, car c'est avec ce compagnon qu'il faut aller au ciel, avec cette chair impatiente et ces désirs encombrants : pas d'autre accès aux sommets éternels que par cette voie-là, escarpée, caillouteuse, un vrai chemin de mulet.

Les hommes suivent les animaux auprès de François. Ils sont bientôt une douzaine à croire à l'incroyable, et douze c'est beaucoup déjà. Pour eux il invente une règle qu'il présente au pape, afin que celui-ci l'estampille en bonne et due forme. Car il ne cherche pas la place du maître, cette place des bons élèves. Il ne veut pas fonder une nouvelle Église. Des Églises il y en a bien trop. « Que les frères prennent garde de n'accepter absolument églises, pauvres habitations et tout ce qu'on construit pour eux, si cela n'est pas conforme à la sainte pauvreté que nous avons promise dans la règle, logeant toujours là comme des étrangers et des pèlerins. » J'obéis à votre Église, très haut pape, mais je n'y serai jamais que de passage, comme l'étranger ou le pèlerin : on ne saurait plus délicatement conjuguer la plus minutieuse obéissance avec la plus souveraine liberté...

« L'homme donna des noms à tous les animaux, aux oiseaux du ciel et à toutes les bêtes sauvages, mais, pour lui-même, il ne trouva pas l'aide qui lui fût assortie. Alors Yahvé Dieu fit tomber une torpeur sur l'homme, qui s'endormit. Il prit une de ses côtes et referma la chair à sa place. »

Pour que l'homme puisse se connaître, il fallait plus qu'un nom : une absence à soi, une « torpeur » suivie d'un arrachement, d'où lui venait une femme — dernière floraison de la genèse, ultime pointe de la création.

Et il faut bien avouer que, si les bêtes et les hommes commencent à se rapprocher de François d'Assise, il manque encore à cette histoire une femme — celle qui, poursuivant l'œuvre de la mère, parfera le travail de Dieu même.

Le camp des femmes,
le rire du Dieu

Les hommes ont peur des femmes. C'est une peur qui leur vient d'aussi loin que leur vie. C'est une peur du premier jour qui n'est pas seulement peur du corps, du visage et du cœur de la femme, qui est aussi bien peur de la vie et peur de Dieu. Car ces trois-là se tiennent de près — la femme, la vie et Dieu. Qu'est-ce qu'une femme ? Personne ne sait répondre à cette question, pas même Dieu qui pourtant les connaît pour avoir été engendré par elles, nourri par elles, bercé par elles, veillé et consolé par elles. Les femmes ne sont pas Dieu. Les femmes ne sont *pas tout à fait* Dieu. Il leur manque très peu pour l'être. Il leur manque beaucoup moins qu'à l'homme. Les femmes sont la vie en tant que la vie est au plus près du rire de Dieu. Les femmes ont la vie en garde pendant l'absence de Dieu, elles ont en charge le sentiment limpide de la vie éphémère, la sensation de base de la vie éternelle. Et les hommes, ne pouvant dépasser leur crainte des femmes, croyant la dépasser dans des séductions, des guerres ou des travaux, mais ne la dépassant jamais réellement, les hommes, ayant une peur éternelle des femmes, se condamnent éternellement à ne presque rien connaître d'elles, presque rien goûter de la vie et de Dieu. Parce que ce sont les hommes qui font les Églises, il est inévitable que les Églises se méfient des femmes, comme d'ailleurs elles se méfient de Dieu, cherchant à apprivoiser celles-ci et celui-là, cherchant à contenir la vie en crue dans le lit bien sage des préceptes et des rites. L'Église de Rome, sur ce point, ressemble à toutes les autres. En 1310, moins d'un siècle après la mort de François d'Assise, elle brûle une femme, Marguerite Porete, pour son livre, le *Miroir des âmes simples et anéanties*. Dans ce livre il n'y a rien que François d'Assise n'eût pu signer, rien de plus que ce qu'il disait sans le dire — en chantant. Dans ce livre elle n'emprunte pas au latin des prêtres mais au provençal des troubadours, qui est langue des moineaux et des princes, langue famélique de la surabondance d'amour. Elle ne s'adresse ni au Très-Haut ni au Très-Bas. Elle s'adresse au Loin-Près. Elle parle à Dieu en lui donnant ce nom que toutes les femmes pourraient donner à leur mari : le loin-près. Ni jamais là, ni jamais ailleurs. Ni vraiment absent, ni vraiment présent. En même temps que la chair, une phrase du livre de Marguerite Porete se recroqueville sur le bûcher, mangée par les flammes sans rien perdre de sa transparence :

96

« On ne peut dire de personne qu'il soit insigni-
fiant, puisqu'il est appelé à voir Dieu sans fin. »
Cette phrase qui vole dans l'air chaud tourbil-
lonne sur la place de Grève ce beau jour de juin
1310, s'engouffre dans le ciel et revient moins
d'un siècle en arrière se poser sur la manche en
gros drap de François d'Assise : il n'a jamais rien
dit d'autre. Il n'a jamais rien vécu qui ne soit en
accord parfait avec cette croyance en une égalité
absolue de chaque vivant avec tous les autres, en
la même dignité d'existence donnée à chacun —
gueux, bourgeois, arbre ou pierre — par le seul
miracle d'apparaître sur terre, baigné du même
soleil d'amour souverain. Pour cette croyance
l'un a été sanctifié, l'autre brûlée — et cela ne fait
au bout du compte qu'un même malentendu. La
parole qui adore comme celle qui maudit
ignorent tout de ce qu'elles nomment, et d'ailleurs souvent se succèdent en une seconde sur les
mêmes lèvres, à propos du même objet, de la
même personne.

La différence entre les hommes et les femmes
n'est pas une différence des sexes mais des places.
L'homme c'est celui qui se tient à sa place
d'homme, qui s'y tient avec lourdeur, avec
sérieux, bien au chaud dans sa peur. La femme
c'est celle qui ne tient dans aucune place, pas
même la sienne, toujours disparue dans l'amour
qu'elle appelle, qu'elle appelle, qu'elle appelle.

Cette différence serait désespérante si elle ne pouvait être franchie à tout instant. L'homme qui ne sait des femmes que la crainte qu'elles lui inspirent et qui donc n'en sait rien, l'homme a cependant un début de lumière, un fragment de ce qu'est Dieu, dans sa mélancolie du rire des femmes, dans sa nostalgie invincible d'un visage éclairé d'insouciance. Il est toujours possible pour un homme de rejoindre le camp des femmes, le rire du Dieu. Il y suffit d'un mouvement, un seul mouvement pareil à ceux qu'en ont les enfants quand ils se jettent en avant de toutes leurs forces, sans crainte de tomber ou mourir, oubliant le poids du monde. Un homme qui ainsi sort de lui-même, de sa peur, négligeant cette pesanteur du sérieux qui est pesanteur du passé, un tel homme devient comme celui qui ne tient plus en place, qui ne croit plus aux fatalités dictées par le sexe, aux hiérarchies imposées par la loi ou la coutume : un enfant ou un saint, dans la proximité riante du Dieu — et des femmes. Et sur ce point l'Église de Rome se sépare de toutes les autres : nul plus que le Christ n'a tourné son visage vers les femmes, comme on tourne ses regards vers un feuillage, comme on se penche sur une eau de rivière pour y puiser force et goût de poursuivre le chemin. Les femmes sont dans la Bible presque aussi nombreuses que les oiseaux. Elles sont là au début et elles sont là à la fin. Elles mettent le Dieu au jour, elles le regardent grandir, jouer et mourir, puis elles le ressuscitent avec les gestes simples de l'amour fou, les mêmes gestes depuis le début du monde, dans les cavernes de la préhistoire comme dans les chambres surchauffées des maternités.

Dans son imitation naïve, presque maniaque, des Écritures, François d'Assise ne pouvait éviter cette rencontre avec une femme aimante, sa sœur, son double. Il n'y a rien à dire d'elle, sinon qu'ils se complètent comme les deux piliers de l'arc-en-ciel, toutes nuances d'amour passant de l'un à l'autre, toutes couleurs du songe. Il n'y a rien à dire d'elle que son nom, et son nom dit ce qu'elle est, ce qu'elle donne : Claire. Clairière, claire-voie, clairvoyant, éclair, éclaircie : tous ces noms sont dans son nom, toutes ces lumières viennent d'elle, jeune fille de seize ans que ses parents veulent marier, jeune fille comme on en voit dans les anciennes chansons francaises, oiseau rebelle au chant qu'on lui apprend, moineau qui préfère sautiller sur les chemins battus de pluie, plutôt que s'assombrir dans les feuilles d'un seul arbre — fût-il de haute lignée. Que veux-tu faire plus tard ? demande-t-on à l'enfant qui ne sait ce que plus tard veut dire, qui ne connaît que le présent et, dans le présent, la merveilleuse présence de tout. Qui veux-tu épouser plus tard ? demande-t-on à celle dont la beauté inquiète et persuade d'y mettre fin par un mariage. Car les mariages usent l'amour, le fatiguent, le tirent vers le sérieux et le lourd qui est le lieu du monde. Mais celui qu'elle veut épouser n'est pas là et ne le sera jamais. Il n'est pas là et il n'est pas ailleurs. Il est très haut et très bas, il est loin et près. Il ne chute dans aucune fatalité d'histoire, aucun ressentiment d'amour perdu, il ne peut se perdre ni se gagner, il est et il n'est pas. Comme dans les vieilles chansons la jeune fille s'en va la nuit de la maison de ses parents, passe une porte dérobée, obstruée par un gros tas de bois, enlève les bûches une à une de ses mains, file dans la nuit étoilée jusqu'à celui qui a médité l'enlèvement, le roi de cœur, le prince de fugue, François d'Assise. Ils aiment du même amour, ils sont faits pour s'entendre, ivres du même vin. Elle échange sa robe étincelante contre un grossier sarrau de laine, et les voilà pour des années, ensemble et séparés, lui prenant au piège de sa voix les oiseaux du ciel, les bêtes des champs et les hommes des villes, elle rabattant dans les filets de Dieu des filles de plus en plus nombreuses, de plus en plus jolies.

Deux braconniers. Deux nomades sur les propriétés invisibles de Dieu.

Séparés comme les enfants jadis dans les petites écoles. Elle du côté des filles, lui du côté des garçons. Séparés dans les apparences et les lieux.

Réunis par l'entretien sans fin des âmes, par ce ravissement d'avoir trouvé l'interlocuteur privilégié, celui et celle qui entend tout, même les silences, même ce qu'on ne saurait dire pour soi dans le silence, la sœur, le frère sans qui le temps passé sur terre n'aurait été que du temps — rien d'autre.

La légende qui dit le vrai, non tel qu'il est dans la mort des preuves mais tel qu'il est dans le sang des âmes, la légende dit qu'un jour où François rendait visite à Claire et à ses sœurs dans leur couvent, il se produisit un incendie, aperçu plusieurs lieues à la ronde. Les gens d'Assise, accourus pour l'éteindre, ne virent aucune flamme, aucun feu, juste François d'Assise et Claire autour d'un maigre repas, et une grande lumière entre eux, une clarté impossible à diminuer.

Il mourra avant elle et c'est sans importance, l'amour ayant dès sa venue, dès son premier frémissement, aboli les vieux décrets du temps, supprimé ces distinctions de l'avant et de l'après, ayant seulement maintenu l'aujourd'hui éternel des vivants, l'aujourd'hui amoureux de l'amour.

*Cette vieillerie
de Dieu*

C'est avec sa voix qu'il séduit. C'est avec sa voix de chair qu'il attire les loups et les hommes qui sont pires que les loups. Mais ce souffle angélique de la chair, cette voix charnelle de l'âme, comment l'entendre, sept siècles après. Elle s'est éteinte avec le corps qui la portait. Le chant s'en est allé avec l'oiseau. On a bien gardé quelques plumes, des reliques. La laine d'un vêtement et la coquille d'un crâne. Mais la voix fait défaut, à jamais. Plus d'oiseau, plus de chant. Reste la lumière où le chant s'égarait, cette lumière inusable de chaque jour dans la vie, la même lumière depuis des siècles, le nom si vieux de cette lumière si jeune, ce nom aveugle dans toutes langues, cette blancheur dans toutes les voix — Dieu. Reste Dieu, vieux soleil à partir de quoi tout peut être réveillé, et l'oiseau, et le chant.

Si l'on veut connaître un homme, il faut chercher celui vers lequel sa vie est secrètement tournée, celui à qui, de préférence à tout autre, il parle, même quand apparemment il s'adresse à nous. Tout dépend de cet autre qu'il s'est choisi. Tout dépend de celui auquel il s'adresse en silence, pour la considération duquel il a accumulé faits et preuves, pour l'amour duquel il a fait de sa vie ce qu'elle est. Pour la plupart il n'y aura jamais eu qu'un seul interlocuteur : le père ou la mère, figures souveraines par leur absence, écrasant la vie de tout le poids de ce qu'elles n'ont su donner. Regarde ce que je fais. C'est pour toi, c'est pour obtenir ton amour, c'est pour qu'enfin tu tournes les yeux vers moi, que tu me donnes avec la pleine lumière de tes yeux la certitude d'exister. Beaucoup sont ainsi soumis à une ombre, reclus au jardin de leur père, dans la chambre de leur mère, poursuivant jusqu'au soir de leur vie les suppliques à l'absent. François d'Assise n'est pas, n'est plus de ceux-là. L'histoire infinie avec le père, il en a terminé le jour du procès, dans la nudité de renaître enfin, délivré des vieux habits du fils. Chair nue, âme blanche. Je me défais de tout pour me déprendre de toi. Je me montre tel que tu ne m'as pas fait : faible, de cette faiblesse qui se dérobe à ta puissance, contre laquelle tu ne peux plus rien. Je reviens à ce Dieu dont tu n'es qu'une image — décevante comme toutes les images. Celui-là fait un père bien plus léger que toi. Il me regarde aller, venir. Il est, dans ses absences, bien moins meurtrier que toi. Il me laisse, dans sa présence, bien plus de jeu. Il

ne croit pas comme toi à l'argent, au devoir, au
sérieux. D'ailleurs il passe tout son temps dans la
compagnie futile des enfants, des chiens et des
ânes.

Les mères aiment leurs enfants de manière
insensée. Les mères ne savent aimer sinon de
cette manière insensée. Elles tiennent leurs
enfants au centre du monde et tiennent le monde
au centre de leur cœur. François d'Assise se
délivre de sa mère en ne lui résistant pas, en por-
tant la brûlure de son amour partout dans le
monde où il n'y a plus désormais que des centres,
que des enfants uniques, des fils de reine. Ma
sœur la rivière, mon frère le vent, ma sœur
l'étoile, mon frère l'arbre : tout est placé, replacé
par lui comme cela doit être, dans l'intensité
d'une même origine, remis entre les mains d'une
mère immense, démente, éternellement soucieuse de sa progéniture, éternellement éprise du
temps.

Dieu. Cette vieillerie de Dieu, cette vieille bougie de Dieu brûlant au noir des siècles, ce feu follet rouge sang, cette misère d'une chandelle
mouchée par tous les vents, nous, gens du vingtième siècle, nous ne savons qu'en faire. Nous
sommes des gens de raison. Nous sommes des
adultes. Nous ne nous éclairons plus à la bougie.
Nous avons un temps espéré que les Églises nous

délivreraient de Dieu. Elles étaient faites pour ça. Les religions ne nous dérangeaient pas. Les religions sont pesantes et la pesanteur nous rassurerait plutôt. C'est la légèreté qui nous fait horreur, cette légèreté de Dieu en Dieu, de l'esprit dans l'esprit. Et puis nous sommes sortis des Églises. Nous avons fait un grand chemin. De l'enfance à l'âge adulte, de l'erreur à la vérité. Nous savons à présent où est la vérité. Elle est dans le sexe, dans l'économie et dans la culture. Et nous savons bien où est la vérité de cette vérité. Elle est dans la mort. Nous croyons au sexe, à l'économie, à la culture et à la mort. Nous croyons que le fin mot de tout revient à la mort, qu'il grince entre ses dents serrées sur leur proie, et nous regardons les siècles passés du haut de cette croyance, avec indulgence et mépris, comme tout ce qu'on regarde de haut. Nous ne pouvons leur en vouloir de leurs erreurs. Elles étaient sans doute nécessaires. Maintenant nous avons grandi. Maintenant nous ne croyons qu'à ce qui est puissant, raisonnable, adulte — et rien n'est plus puéril que la lumière d'une bougie tremblant dans le noir.

Dieu. Cette pauvreté de Dieu, ce grésillement de la lumière dans la lumière, ce murmure du silence au silence, c'est à ça qu'il parle, François d'Assise, quand il parle aux oiseaux ou à Claire, la petite sœur d'insouciance. Il est amoureux.

Quand on est amoureux on parle à son amour et on ne parle qu'à lui seul. Partout, toujours. Et que dit-on à son amour ? On lui dit qu'on l'aime, ce qui n'est presque rien dire — sinon le presque rien d'un sourire, le balbutiement d'un serviteur à son maître qui le comble, qui le comble mille fois trop.

On a empaqueté quelques-unes de ses paroles dans un livre maigre, un vrai livre de pauvre. Des lettres sans beauté, des prières sans grâce, usées comme une chemise de pauvre trop souvent lavée, trop souvent ravaudée. Des collages empruntés à la Bible. Ici un morceau de psaume, là un autre morceau, ça tiendra bien comme ça, ça ira pour ce qu'on veut en faire : prier, parler au vide pour que le vide nettoie votre parole. Je t'aime. Cette parole, quand elle file vers Dieu, est comme une flèche enflammée qui s'enfonce dans la nuit et s'éteint avant de toucher sa cible. Je t'aime : voilà tout son propos, et cela ne pouvait donner un livre original, un livre d'écrivain. L'amour n'est rien d'original. L'amour n'est pas une invention d'auteur.

Il est avec son amour comme l'enfant devant le mur avec sa balle : il lance sa parole, la balle de parole lumineuse, le « je t'aime » enroulé sur lui-même, il la lance contre un mur éloigné de lui de tous les jours qu'il lui reste à vivre, il attend ensuite que la balle rebondisse, il lance des milliers de balles, aucune ne revient jamais, il continue, toujours souriant, confiant : le jeu est à lui-même sa récompense, l'amour est à lui-même sa réponse.

Si, quand même, il en dit un peu plus. Il dit : je t'aime et je suis désolé de t'aimer si peu, de t'aimer si mal, de ne pas savoir t'aimer. C'est que plus il s'approche de la lumière, et plus il se découvre plein d'ombres. Plus il aime et plus il se connaît indigne d'aimer. C'est qu'il n'y a pas de progrès en amour, pas de perfection que l'on pourrait un jour atteindre. Il n'y a pas d'amour adulte, mûr et raisonnable. Il n'y a devant l'amour aucun adulte, que des enfants, que cet esprit d'enfance qui est abandon, insouciance, esprit de la perte d'esprit. L'âge additionne. L'expérience accumule. La raison construit. L'esprit d'enfance ne compte rien, n'entasse rien, ne bâtit rien. L'esprit d'enfance est toujours neuf, repart toujours aux débuts du monde, aux premiers pas de l'amour. L'homme de raison est un homme accumulé, entassé, construit. L'homme d'enfance est le contraire d'un homme additionné sur lui-même : un homme enlevé de soi, renaissant dans toute naissance de tout. Un imbécile qui joue à la balle. Ou un saint qui parle à son Dieu. Ou les deux à la fois.

Il y a quelque chose dans le monde qui résiste au monde, et cette chose ne se trouve ni dans les églises ni dans les cultures ni dans la pensée que les hommes ont d'eux-mêmes, dans la croyance mortifère qu'ils ont d'eux-mêmes en tant qu'êtres sérieux, adultes, raisonnables, et cette chose n'est pas une chose mais Dieu et Dieu ne peut tenir dans rien sans aussitôt l'ébranler, le mettre bas, et Dieu immense ne sait tenir que dans les ritournelles d'enfance, dans le sang perdu des pauvres ou dans la voix des simples et tous ceux-là tiennent Dieu au creux de leurs mains ouvertes, un moineau trempé comme du pain par la pluie, un moineau transi, criard, un Dieu piailleur qui vient manger dans leurs mains nues.

Dieu c'est ce que savent les enfants, pas les adultes.

Un adulte n'a pas de temps à perdre à nourrir les moineaux.

*Vous dites m'aimer
et vous m'assombrissez*

Le treizième siècle est siècle de croisades — renards contre loups, musulmans contre chrétiens. Ils descendent du même père enterré sous la Bible, Abraham. Ils s'en disputent la dépouille avec leurs dents. La religion c'est ce qui relie et rien n'est plus religieux que la haine : elle rassemble les hommes en foule sous la puissance d'une idée ou d'un nom quand l'amour les délivre un à un par la faiblesse d'un visage ou d'une voix. Francois d'Assise va en Palestine parler d'un Dieu que les foules effarouchent et que les églises ennuient. Il raconte aux guerriers la même chose qu'aux moineaux. Il ne parle pas pour convaincre : convaincre c'est encore vaincre, et il ne cherche que le triomphe du chant faible, sans armure de fer ni de langue.

La lumière de Palestine caresse l'eau des lacs et le nom des prophètes. Elle n'est pas plus douce que celle d'Assise. Elle n'est pas plus vraie qu'ailleurs. Il n'y a en Palestine qu'un tombeau vide. Il n'y a pas de Terre Sainte. C'est toute la terre qui est sainte, ou bien rien d'elle. Il va quelques mois dans cette lumière puis il revient en Europe où l'on a besoin de lui : ils sont à présent des milliers à suivre ses pas, chacun pensant détenir la vérité du chemin, confondant l'amour avec le caprice qu'il en a. Ici, bouillonnement du sang, anarchie des pulsions. Là, raideur des nuques, austérité des esprits. On veut bien entrer dans son jeu, mais à condition d'en changer les règles. Pour les uns elles sont trop dures, pour les autres elles ne le sont pas assez. Il lui faut donc rappeler cette vérité que l'on n'entend pas si on l'entend à demi. Dire aux uns : vous cherchez le bonheur dans le tumulte de votre sang. Parfois vous le trouvez, parfois vous le perdez. Mais la joie dont je vous parle n'est rien de semblable. Elle n'est ni heureuse ni malheureuse. Elle est insouciance du bonheur comme du malheur. Je ne vous demande pas de chercher en vous-mêmes. Je vous invite à être comme la terre nue, oublieuse d'elle-même, faisant même accueil à la pluie qui la bat et au soleil qui la réchauffe. Et dire aux autres : vous cherchez la perfection dans les déserts de votre esprit. Mais je ne vous demande pas d'être parfaits. Je vous demande d'être aimants, ce qui n'est pas la même chose, ce qui est si peu la même chose que c'en est tout le contraire. Et puis dire à tous, brutalement : au fond je ne sais trop de quoi je parle quand je parle de Dieu. Je parle sans savoir. Comment vous, qui prétendez m'entendre, pourriez-vous là-dessus être plus savants que moi ? Vous dites m'accompagner et vous perdez mon cœur. Vous dites m'aimer et vous m'assombrissez. Vous faites plus de chahut que tous les oiseaux de la forêt — et rien sur vos lèvres qui ressemble à un chant. Celui qui chante brûle dans sa voix. Celui qui aime s'épuise dans son amour. Le chant est cette brûlure, l'amour est cette fatigue. Je ne vous vois ni brûlés ni épuisés. Vous attendez de l'amour qu'il vous comble. Mais l'amour ne comble rien — ni le trou que vous avez dans la tête, ni cet abîme que vous avez au cœur. L'amour est manque bien plus que plénitude. L'amour est plénitude du manque. C'est, je vous l'accorde, une chose incompréhensible. Mais ce qui est impossible à comprendre est tellement simple à vivre.

Vient une heure où ce qu'un homme a construit de sa vie se referme sur lui et l'étouffe. Tu croyais « faire » ta vie et voilà que ta vie te défait. C'est une telle infortune qui attend François d'Assise à son retour de Palestine. Tu avais dans ton cœur de quoi brûler le monde. Tu n'as fait qu'inventer un ordre religieux de plus. Et c'est déjà beaucoup. Et ce beaucoup n'est rien. Il y a déjà, de ton vivant, des bibliothèques d'études franciscaines, des théologiens qui ruminent sur la notion de pauvreté, faisant tourner le lait en encre, donnant aux parchemins le soin qu'ils refusent aux hommes. Tu voulais qu'il n'y ait plus de guenilles de mendiants, il y a seulement quelques capuchons de moines en plus.

Partir. À nouveau partir. Sans cesse, infiniment partir. Abraham partit une première fois et cette première fois lui demandait tout et cette première fois était impossible et pourtant elle eut lieu et de cet éloignement de tout, de cette passion du lointain lui vint un fils, chair de sa chair, joie de sa joie. Et voici qu'on lui demandait de partir à nouveau, voici que ce qu'il avait fait une fois il lui fallait le refaire une seconde fois, et cette seconde fois était aussi impossible que la première et mille fois plus dure, incomparablement plus dure. Ce n'était rien de quitter les siens, sa langue, son pays. À présent un Dieu fou lui ordonnait de se retrancher de son fils, de s'amputer vivant de sa vie, un Dieu ivre qui reprenait son offrande, piétinait sa parole. Car nous ne sommes maîtres de rien. Ce que nous créons se sépare aussitôt de nous. Nos œuvres nous ignorent, nos enfants ne sont pas nos enfants. D'ailleurs nous ne créons rien. Rien de rien. Ses jours sont à l'homme ce que ses peaux sont au serpent. Ils luisent un temps au soleil puis se détachent de lui. Voici ce qui t'attend, François de Provence, Jean d'Assise. Voici qu'il te faut muer une seconde fois. Et la première fois ne te sera d'aucun secours. La première fois tu es parti et le monde, après s'en être étonné, t'a rappelé pour te dire combien il trouvait charmant ton départ, lumineuse ton absence : ceux qu'on ne peut noyer dans les eaux d'un mépris, on les étouffe en les serrant dans ses bras. Il te faut donc partir une deuxième fois, t'éloigner de ton premier éloignement. Le monde veut le sommeil. Le monde n'est que sommeil. Le monde veut la répétition ensommeillée du monde. Mais l'amour veut l'éveil. L'amour est l'éveil chaque fois réinventé, chaque fois une première fois. Le monde n'imagine pas d'autre fin que la mort, cette extase du sommeil, et il considère tout à partir de cette fin. Les premières fois — premiers pas, premier sourire, première larme — sont vues par le monde comme devant nécessairement conduire à une seconde fois plus facile que la première, plus aisée car plus machinale, et la seconde fois mènera à une troisième encore plus facile, déjà somnambule, et ainsi, par lente dégradation, nécessaire usure, on ira jusqu'à la dernière fois — dernier bâillement, dernière langueur de tout. L'enfant va à l'adulte et l'adulte va à sa mort. Voilà la thèse du monde. Voilà sa pensée misérable du vivant : une lueur qui tremble en son aurore et ne sait plus que décliner. C'est cette thèse qu'il te faut renverser. Partir une deuxième fois et que cette fois soit plus neuve encore que la première, plus radicalement neuve, plus amoureusement neuve.

Les hommes vont en aveugles dans leur vie. Les mots sont leurs cannes blanches. Ils préviennent des obstacles, donnent première forme à leur sang. Le mot de « route », disent les dictionnaires, est apparu au treizième siècle, sorti de la gangue argileuse du latin *rumpere*, « briser violemment », devenu *rupta*, « chemin frayé en coupant une forêt ». Ce mot semble inventé pour François d'Assise, pour celui-là qui s'ouvre dans le monde une voie rompue, brisée — infidèle à sa parenté, infidèle à tous par amour de l'amour, traçant avec des courbes une longue ligne droite.

Et maintenant tout va vite. Quelques années qui passent comme la lumière, comme l'eau, comme le vent. Il écrit pour ses disciples une règle de vie. Elle est simple : jubilation de l'âme, insouciance du lendemain, attention pleine à toutes vies. Jouissance de ne tenir à rien, merveille de toutes présences. Pour simplifier encore il leur raconte cette histoire. Vous voulez savoir ce qu'est la joie, vous voulez vraiment savoir ce que c'est ? Alors écoutez : c'est la nuit, il pleut, j'ai faim, je suis dehors, je frappe à la porte de ma maison, je m'annonce et on ne m'ouvre pas, je passe la nuit à la porte de chez moi, sous la pluie, affamé. Voilà ce qu'est la joie. Comprenne qui pourra. Entende qui voudra entendre. La joie c'est de n'être plus jamais chez soi, toujours dehors, affaibli de tout, affamé de tout, partout dans le dehors du monde comme au ventre de Dieu.

Puis il se retire dans la solitude verte des arbres, solitude grise des pierres. Une maladie touche ses yeux, enlève à ses yeux de leur force. Blessé par le soleil il lui écrit une lettre de grâce, un chant de louange, dernier salut à cette vie qu'il aura tant aimée : « Loué sois-tu Seigneur pour notre sœur la terre qui nous soutient et nous gouverne et nous donne l'herbe avec les fleurs colorées. » Ce *Cantique du soleil* a l'évidente beauté de la rosée du matin, du premier sang de l'aube. Il a deux versions. Il n'y a que peu de différence entre les deux écritures. La seconde n'enlève rien à la première. Après quelques semaines de silence, François d'Assise rajoute simplement une phrase, une phrase éblouissante, lumière de langue nouée au silence : « Loué sois-tu pour notre sœur la mort. »

Loué sois-tu pour notre sœur la mort — celui qui écrit cette phrase, celui qui a en lui le cœur de la prononcer, celui-là est désormais au plus loin de lui-même et au plus proche de tout. Plus rien ne le sépare de son amour puisque son amour est partout, même dans celle qui vient le briser.

Loué sois-tu pour notre sœur la mort — celui qui murmure cette phrase est venu à bout du long travail de vivre, de cette séparation partout mise entre la vie et notre vie. Trois épaisseurs de verre se tiennent entre la lumière et nous, trois épaisseurs de temps : du côté du passé, l'ombre des parents, portée loin en avant sur nos jours. Du côté du présent, l'ombre de nos actes et cette image de nous qu'ils sécrètent, fossile, incassable. François d'Assise a épuisé ces deux ombres, traversé ces deux vitres avec assez d'élan pour ne pas s'y blesser. Reste l'ultime épreuve, l'ultime opacité, du côté du proche avenir — la peur de mourir devant quoi même les saints peuvent se cabrer, cheval refusant l'obstacle au tout dernier instant.

Loué sois-tu pour notre sœur la mort — en lançant son amour loin devant lui vers l'ombre qui vient le prendre, François d'Assise lève le dernier obstacle — comme un lutteur défait son adversaire en le prenant par les épaules pour lui donner une accolade.

Loué sois-tu pour notre sœur la mort — voilà, c'est dit, c'est fait : il n'y a plus rien entre la vie et sa vie, il n'y a plus rien entre lui et lui, il n'y a plus ni passé ni présent ni avenir, plus rien que Dieu Très-Bas soudain Très-Haut, soudain partout répandu comme de l'eau.

Le reste. Vaut-il la peine d'écrire le reste qui prend apparemment fin le samedi 3 octobre 1226.

Il ferme lentement les yeux comme sous le charme d'une pensée profonde, si profonde qu'il en retient son souffle.

Un enfant. Un enfant qui interrompt ses jeux sans raison visible et reste là, soudainement pâle, immobile, muet — ne sachant plus que sourire.

*Image sale,
image sainte*

Au treizième siècle il y avait les marchands, les prêtres et les soldats. Au vingtième siècle il n'y a plus que les marchands. Ils sont dans leurs boutiques comme des prêtres dans leurs églises. Ils sont dans leurs usines comme des soldats dans leurs casernes. Ils se répandent dans le monde par la puissance de leurs images. On les trouve sur les murs, sur les écrans, dans les journaux. L'image est leur encens, l'image est leur épée. Le treizième siècle parlait au cœur. Il ne lui était pas nécessaire de parler fort pour se faire entendre. Les chants du Moyen Âge font à peine plus de bruit que de la neige tombant sur de la neige. Le vingtième siècle parle à l'œil, et comme la vue est un des sens les plus volages, il lui faut hurler, crier avec des lumières violentes, des couleurs assourdissantes, des images désespérantes à force d'être gaies, des images sales à force d'être propres, vidées de toute ombre comme de tout chagrin. Des images inconsolablement gaies. C'est que le vingtième siècle parle pour vendre et qu'il lui faut

en conséquence flatter l'œil — le flatter et l'aveu-
gler en même temps. L'éblouir. Le treizième
siècle a beaucoup moins à vendre — Dieu ça n'a
aucun prix, ça n'a que la valeur marchande d'un
flocon de neige tombant sur des milliards
d'autres flocons de neige.

L'image était dans le journal. C'est en lisant
l'article que vous aviez pu la voir, pas avant : on
ne touche pas le monde avec les yeux mais avec la
langue. Et que disait l'article ? Il disait une chose
de la fin du vingtième siècle dans un pays comme
partout. Partout est l'argent, partout est le monde
ruiné par l'argent. Dans ce pays comme partout,
peut-être un peu plus ruiné que les autres, le jour-
naliste décrivait la journée d'une famille de mendiants — leur journée de travail. Ils habitent un
quartier pauvre d'une ville immense, une de ces
villes-monde, vingt, trente millions d'habitants,
une de ces villes gorgées de marchandises et
d'âmes, de sang, d'or et de boue. On voyait cette
famille marcher sur des dizaines de kilomètres,
aller d'un quartier déshérité à un quartier riche
en poussant devant eux une carriole remplie au
fur et à mesure du contenu des poubelles. C'est le
mot qui avait attiré votre attention. C'est le mot
qui vous avait donné à voir : le mot « jetable ». Ce
mot, désignant d'abord le contenu des poubelles,
avait peu à peu contaminé ceux qui trouvaient là
leur nourriture. Dans ce pays, disait l'article, les

journalistes, les gens de police et même les socio-logues ont fini par désigner les mendiants comme « jetables ». Et, parce qu'un mot ne vient jamais seul, on parlait, à propos des opérations de police contre ces fantômes et leurs carrioles, des bien-faits d'un « nettoyage social ». Rigueur de la langue, effrayante rigueur de la langue et de la loi : que faire en effet des « jetables », sinon « net-toyer » le monde de leur présence indigne, peu favorable à l'argent, à la gaieté aseptique de l'argent ?

Vous aviez découpé la photographie dans le journal. Une belle photo de famille — le père et la mère au premier plan, entourés par une dizaine d'enfants aux visages étrangement radieux, ouverts. Pourquoi garder cette image, vous ne saviez trop. Pour la préserver de la dispa-rition dans l'éphémère du journal, pour la sauver de l'amnésie du jour suivant. Pour retenir près de vous ces visages souriants, l'entêtement de ces présences enluminées d'ordures. C'est au bout de quelques jours que la chose s'était produite. C'est au bout de quelques jours que vous aviez enfin remarqué l'ange derrière le groupe d'enfants, un peu masqué par eux, sans doute inaperçu du photographe. Il fallait presque fer-mer les yeux, se faire une vue très fine pour le voir, dans l'ombre des enfants. Il ne regarde pas l'objectif. Il est trop occupé, penché qu'il est sur une poubelle et fouillant, regardant si par hasard on ne pourrait pas récupérer quelque chose, un déchet de plus. L'autre, vous l'aviez découvert en même temps. Pour le coup, presque invisible, relégué à l'arrière-plan, dans les lointains brumeux de l'image, trois pas en arrière, nonchalant, suivant à la trace les enfants, la carriole et l'ange — l'autre, le chien de Tobie et cette joie dans son allure, cette joie insensée — le contraire de la gaieté marchande.

C'est à cet instant-là que vous aviez compris devant quoi vous étiez. C'est en voyant cette joie d'un chien galeux que vous aviez su être devant ce qu'on appelle une image sainte.

CHRISTIAN BOBIN
PRIX D'ACADÉMIE 2016

Aux Éditions Gallimard

LA PART MANQUANTE (Folio n° 2554)

LA FEMME À VENIR (Folio n° 3254)

UNE PETITE ROBE DE FÊTE (Folio n° 2466)

LE TRÈS-BAS (Folio n° 2681). Grand Prix catholique de littérature 1993 et prix des Deux-Magots 1993

L'INESPÉRÉE (Folio n° 2819)

LA FOLLE ALLURE (Folio n° 2959)

DONNE-MOI QUELQUE CHOSE QUI NE MEURE PAS. *En collaboration avec Édouard Boubat*

LA PLUS QUE VIVE (Folio n° 3108)

AUTOPORTRAIT AU RADIATEUR (Folio n° 3308)

GEAI (Folio n° 3436)

RESSUSCITER (Folio n° 3809)

L'ENCHANTEMENT SIMPLE et autres textes. *Préface de Lydie Dattas* (Poésie/Gallimard n° 360)

LA LUMIÈRE DU MONDE. Paroles réveillées et recueillies par Lydie Dattas (Folio n° 3810)

LOUISE AMOUR (Folio n° 4244)

LA DAME BLANCHE (Folio n° 4863)

LA PRÉSENCE PURE et autres textes (Poésie/Gallimard n° 439)

LES RUINES DU CIEL (Folio n° 5204)

UN ASSASSIN BLANC COMME NEIGE (Folio n° 5488)

LA GRANDE VIE (Folio n° 6009)

LA PRIÈRE SILENCIEUSE. *En collaboration avec Frédéric Dupont*

NOIRECLAIRE (repris avec CARNET DU SOLEIL en Folio n° 6498)

LA NUIT DU CŒUR (Folio n° 6857)

PIERRE,

COLLECTION FOLIO